U0642052

维摩诘经

中国佛学经典宝藏

45

赖永海 释译

星云大师总监修

人民东方出版传媒

东方出版社

图书在版编目（CIP）数据

维摩诘经／赖永海 释译. —北京：东方出版社，2015.5
（中国佛学经典宝藏）
ISBN 978-7-5060-8660-8

Ⅰ.①维…　Ⅱ.①赖…　Ⅲ.①大乘—佛经 ②《维摩诘经》—研究　Ⅳ.①B942.1

中国版本图书馆 CIP 数据核字（2015）第 267896 号

维摩诘经

（WEIMOJIE JING）

释 译 者：赖永海
责任编辑：夏旭东
出　　版：东方出版社
发　　行：人民东方出版传媒有限公司
地　　址：北京市东城区朝阳门内大街 166 号
邮　　编：100010
印　　刷：北京明恒达印务有限公司
版　　次：2016 年 6 月第 1 版
印　　次：2024 年 10 月第 5 次印刷
开　　本：880 毫米×1230 毫米　1/32
印　　张：9
字　　数：154 千字
书　　号：ISBN 978-7-5060-8660-8
定　　价：43.00 元

发行电话：（010）85924663　85924644　85924641

总序

星云

自读首楞严，从此不尝人间糟糠味；

认识华严经，方知已是佛法富贵人。

诚然，佛教三藏十二部经有如暗夜之灯炬、苦海之宝筏，为人生带来光明与幸福，古德这首诗偈可说一语道尽行者阅藏慕道、顶戴感恩的心情！可惜佛教经典因为卷帙浩瀚、古文艰涩，常使忙碌的现代人有义理远隔、望而生畏之憾，因此多少年来，我一直想编纂一套白话佛典，以使法雨均沾，普利十方。

一九九一年，这个心愿总算有了眉目。是年，佛光山在中国大陆广州市召开"白话佛经编纂会议"，将该套丛书定名为《中国佛教经典宝藏》①。后来几经集思广

---

① 编者注：《中国佛教经典宝藏》丛书，大陆出版时改为《中国佛学经典宝藏》丛书。

益，大家决定其所呈现的风格应该具备下列四项要点：

一、启发思想：全套《中国佛教经典宝藏》共计百余册，依大乘、小乘、禅、净、密等性质编号排序，所选经典均具三点特色：

1. 历史意义的深远性

2. 中国文化的影响性

3. 人间佛教的理念性

二、通顺易懂：每册书均设有原典、注释、译文等单元，其中文句铺排力求流畅通顺，遣词用字力求深入浅出，期使读者能一目了然，契入妙谛。

三、文简意赅：以专章解析每部经的全貌，并且搜罗重要的章句，介绍该经的精神所在，俾使读者对每部经义都能透彻了解，并且免于以偏概全之谬误。

四、雅俗共赏：《中国佛教经典宝藏》虽是白话佛典，但亦兼具通俗文艺与学术价值，以达到雅俗共赏、三根普被的效果，所以每册书均以题解、源流、解说等章节，阐述经文的时代背景、影响价值及在佛教历史和思想演变上的地位角色。

兹值佛光山开山三十周年，诸方贤圣齐来庆祝，历经五载、集二百余人心血结晶的百余册《中国佛教经典宝藏》也于此时隆重推出，可谓意义非凡，论其成就，则有四点可与大家共同分享：

一、**佛教史上的开创之举**：民国以来的白话佛经翻译虽然很多，但都是法师或居士个人的开示讲稿或零星的研究心得，由于缺乏整体性的计划，读者也不易窥探佛法之堂奥。有鉴于此，《中国佛教经典宝藏》丛书突破窠臼，将古来经律论中之重要著作，做有系统的整理，为佛典翻译史写下新页！

二、**杰出学者的集体创作**：《中国佛教经典宝藏》丛书结合中国大陆北京、南京各地名校的百位教授、学者通力撰稿，其中博士学位者占百分之八十，其他均拥有硕士学位，在当今出版界各种读物中难得一见。

三、**两岸佛学的交流互动**：《中国佛教经典宝藏》撰述大部分由大陆饱学能文之教授负责，并搜录台湾教界大德和居士们的论著，借此衔接两岸佛学，使有互动的因缘。编审部分则由台湾和大陆学有专精之学者从事，不仅对中国大陆研究佛学风气具有带动启发之作用，对于台海两岸佛学交流更是帮助良多。

四、**白话佛典的精华集萃**：《中国佛教经典宝藏》将佛典里具有思想性、启发性、教育性、人间性的章节做重点式的集萃整理，有别于坊间一般"照本翻译"的白话佛典，使读者能充分享受"深入经藏，智慧如海"的法喜。

今《中国佛教经典宝藏》付梓在即，吾欣然为之作序，并借此感谢慈惠、依空等人百忙之中，指导编修；吉广舆等人奔走两岸，穿针引线；以及王志远、赖永海等大陆教授的辛勤撰述；刘国香、陈慧剑等台湾学者的周详审核；满济、永应等"宝藏小组"人员的汇编印行。他们的同心协力，使得这项伟大的事业得以不负众望，功竟圆成！

《中国佛教经典宝藏》虽说是大家精心擘划、全力以赴的巨作，但经义深邃，实难尽备；法海浩瀚，亦恐有遗珠之憾；加以时代之动乱，文化之激荡，学者教授于契合佛心，或有差距之处。凡此失漏必然甚多，星云谨以愚诚，祈求诸方大德不吝指正，是所至祷。

一九九六年五月十六日于佛光山

原版序
敲门处处有人应

心定

　　《中国佛教经典宝藏》是佛光山继《佛光大藏经》之后，推展人间佛教的百册丛书，以将传统《大藏经》精华化、白话化、现代化为宗旨，力求佛经宝藏再现今世，以通俗亲切的面貌，温渥现代人的心灵。

　　佛光山开山三十年以来，家师星云上人致力推展人间佛教，不遗余力，各种文化、教育事业蓬勃创办，全世界弘法度化之道场应机兴建，蔚为中国现代佛教之新气象。这一套白话精华大藏经，亦是大师弘教传法的深心悲愿之一。从开始构想、擘划到广州会议落实，无不出自大师高瞻远瞩之眼光，从逐年组稿到编辑出版，幸赖大师无限关注支持，乃有这一套现代白话之大藏经问世。

　　这是一套多层次、多角度、全方位反映传统佛教文化的丛书，取其精华，舍其艰涩，希望既能将《大藏经》

深睿的奥义妙法再现今世，也能为现代人提供学佛求法的方便舟筏。我们祈望《中国佛教经典宝藏》具有四种功用：

一、是传统佛典的精华书

中国佛教典籍汗牛充栋，一套《大藏经》就有九千余卷，穷年皓首都研读不完，无从赈济现代人的枯槁心灵。《宝藏》希望是一滴浓缩的法水，既不失《大藏经》的法味，又能有稍浸即润的方便，所以选择了取精用弘的摘引方式，以舍弃庞杂的枝节。由于执笔学者各有不同的取舍角度，其间难免有所缺失，谨请十方仁者鉴谅。

二、是深入浅出的工具书

现代人离古愈远，愈缺乏解读古籍的能力，往往视《大藏经》为艰涩难懂之天书，明知其中有汪洋浩瀚之生命智慧，亦只能望洋兴叹，欲渡无舟。《宝藏》希望是一艘现代化的舟筏，以通俗浅显的白话文字，提供读者遨游佛法义海的工具。应邀执笔的学者虽然多具佛学素养，但大陆对白话写作之领会角度不同，表达方式与台湾有相当差距，造成编写过程中对深厚佛学素养与流畅白话语言不易兼顾的困扰，两全为难。

三、是学佛入门的指引书

佛教经典有八万四千法门，门门可以深入，门门是无限宽广的证悟途径，可惜缺乏大众化的入门导览，不易寻觅捷径。《宝藏》希望是一支指引方向的路标，协助十方大众深入经藏，从先贤的智慧中汲取养分，成就无上的人生福泽。

四、是解深入密的参考书

佛陀遗教不仅是亚洲人民的精神归依，也是世界众生的心灵宝藏。可惜经文古奥，缺乏现代化传播，一旦庞大经藏沦为学术研究之训诂工具，佛教如何能扎根于民间？如何普济僧俗两众？我们希望《宝藏》是百粒芥子，稍稍显现一些须弥山的法相，使读者由浅入深，略窥三昧法要。各书对经藏之解读诠释角度或有不足，我们开拓白话经藏的心意却是虔诚的，若能引领读者进一步深研三藏教理，则是我们的衷心微愿。

大陆版序一

（签名）

　　《中国佛教经典宝藏》是一套对主要佛教经典进行精选、注译、经义阐释、源流梳理、学术价值分析，并把它们翻译成现代白话文的大型佛学丛书，成书于二十世纪九十年代，由台湾佛光文化事业有限公司出版，星云大师担任总监修，由大陆的杜继文、方立天以及台湾的星云大师、圣严法师等两岸百余位知名学者、法师共同编撰完成。十几年来，这套丛书在两岸的学术界和佛教界产生了巨大的影响，对研究、弘扬作为中国传统文化重要组成部分的佛教文化，推动两岸的文化学术交流发挥了十分重要的作用。

　　《中国佛学经典宝藏》则是《中国佛教经典宝藏》的简体字修订版。之所以要出版这套丛书，主要基于以下的考虑：

　　首先，佛教有三藏十二部经、八万四千法门，典籍浩瀚，博大精深，即便是专业研究者，穷其一生之精力，恐也难阅尽所有经典，因此之故，有"精选"之举。

其次，佛教源于印度，汉传佛教的经论多译自梵语；加之，代有译人，版本众多，或随音，或意译，同一经文，往往表述各异。究竟哪一种版本更契合读者根机？哪一个注疏对读者理解经论大意更有助益？编撰者除了标明所依据版本外，对各部经论之版本和注疏源流也进行了系统的梳理。

再次，佛典名相繁复，义理艰深，即便识得其文其字，文字背后的义理，诚非一望便知。为此，注译者特地对诸多冷僻文字和艰涩名相，进行了力所能及的注解和阐析，并把所选经文全部翻译成现代汉语。希望这些注译，能成为修习者得月之手指、渡河之舟楫。

最后，研习经论，旨在借教悟宗、识义得意。为了将其思想义理和现当代价值揭示出来，编撰者对各部经论的篇章品目、思想脉络、义理蕴涵、学术价值等所做的发掘和剖析，真可谓殚精竭虑、苦心孤诣！当然，佛理幽深，欲入其堂奥、得其真义，诚非易事！我们不敢奢求对于各部经论的解读都能鞭辟入里，字字珠玑，但希望能对读者的理解经义有所启迪！

习近平主席最近指出："佛教产生于古代印度，但传入中国后，经过长期演化，佛教同中国儒家文化和道家文化融合发展，最终形成了具有中国特色的佛教文化，给中国人的宗教信仰、哲学观念、文学艺术、礼仪习俗等留下了深刻影响。"如何去研究、传承和弘扬优秀佛教文化，是摆在我们面前的一个重要课题，人民东方出版传媒有限公司拟对繁体字版的《中国佛教经典宝藏》进行修订，并出版简体字版的《中国佛学经典宝藏》，随喜赞叹，寥寄数语，以叙因缘，是为序。

二〇一六年春于南京大学

大陆版序二

依空

身材高大、肤色白皙、擅长军事的亚利安人，在公元前四千五百多年从中亚攻入西北印度，把当地土著征服之后，为了彻底统治这里的人民，建立了牢不可破的种姓制度，创造了无数的神祇，主要有创造神梵天、破坏神湿婆、保护神毗婆奴。人们的祸福由梵天决定，为了取悦梵天大神，需要透过婆罗门来沟通，因为他们是从梵天的口舌之中生出，懂得梵天的语言——繁复深奥的梵文，婆罗门阶级是宗教祭祀师，负责教育，更掌控了神与人之间往来的话语权。四种姓中最重要的是刹帝利，举凡国家的政治、经济、军事、文化等等都由他们实际操作，属贵族阶级，由梵天的胸部生出。吠舍则是士农工商的平民百姓，由梵天的膝盖以上生出。首陀罗则是被踩在梵天脚下的土著。前三者可以轮回，纵然几世轮转都无法脱离原来种姓，称为再生族；首陀罗则连轮回的因缘都没有，为不生族，生生世世为首陀罗，子孙也倒霉跟着宿命，无法改变身份。相对于此，贱民比首陀罗更为卑微、低贱，连四种姓都无法跻身其中，只能从事挑粪、焚化尸体等最卑贱、龌龊的工作。

出身于高贵种姓释迦族的悉达多太子，为了打破种姓制度的桎梏，舍弃既有的优越族姓，主张一切众生皆平等，成正等觉，创立了佛教僧团。为了贯彻佛教的平等思想，佛陀不仅先度首陀罗身份的优婆离出家，后度释迦族的七王子，先入山门为师兄，树立僧团伦理制度。佛陀更严禁弟子们用贵族的语言——梵文宣讲佛法，而以人民容易理解的地方口语来演说法义，这就是巴利文经典的滥觞。佛陀认为真理不应该是属于少数贵族、知识分子的专利或装饰，而应该更贴近普罗大众，属于平民百姓共有共知。原来佛陀早就在推动佛法的普遍化、大众化、白话化的伟大工作。

佛教从西汉哀帝末年传入中国，历经东汉、魏晋南北朝、隋唐的漫长艰巨的译经过程，加上历代各宗派祖师的著作，积累了庞博浩瀚的汉传佛教典籍。这些经论义理深奥隐晦，加以书写的语言文字为千年以前的古汉文，增加现代人阅读的困难，只能望着汗牛充栋的三藏十二部扼腕慨叹，裹足不前。

如何让大众轻松深入佛法大海，直探佛陀本怀？佛光山开山宗长星云大师乃发起编纂《中国佛教经典宝藏》。一九九一年，先在大陆广州召开"白话佛经编纂会议"，订定一百本的经论种类、编写体例、字数等事项，礼聘中国社科院的王志远教授、南京大学的赖永海教授分别为中国大陆北方与南方的总联络人，邀请大陆各大学的佛教学者撰文，后来增加台湾部分的三十二本，是为一百三十二册的《中国佛教经典宝藏精选白话版》，于一九九七年，作为佛光山开山三十周年的献礼，隆重出版。

六七年间我个人参与最初的筹划，多次奔波往来于大陆与台湾，小心谨慎带回作者原稿，印刷出版、营销推广。看到它成为佛教徒家中的传家宝藏，有心了解佛学的莘莘学子的入门指南书，为星云大师监修此部宝藏的愿心深感赞叹，既上契佛陀"佛法不舍一众"的慈悲本怀，更下启人间佛教"普世益人"的平等精神。尤其可喜者，欣闻现大陆出版方东方出版社潘少平总裁、彭明哲副总编亲自担纲筹划，组织资深编辑精校精勘；更有旅美企业家鲁彼德先生事业有成之际，秉"十方来，十方去，共成十方事"之襟怀，促成简体字版《中国佛学经典宝藏》的刊行。今付梓在即，是为序，以表随喜祝贺之忱！

二〇一六年元月

目　录

源流　247

解说　255

参考书目　261

題解

《维摩诘经》，凡三卷，计十四品，姚秦鸠摩罗什译。

依照通例，本经可分为序分、正宗分和流通分三大部分。第一品为序分，记述法会之缘起；第二品至第十二品为正宗分，为一经之主体；末二品为流通分，盛赞受持弘传本经之功德。

第一佛国品，记述释迦牟尼佛在毗耶离城外的庵罗树园与众集会，宝积长者子说偈赞佛并请佛为与会大众"说诸菩萨净土之行"，以此揭开了本次法会之序幕。

第二方便品，言维摩诘居士虽"深植德本""久成佛道"，但仍在社会各界（上自王宫，下至酒肆；上自大臣，下至士庶）方便示教，摄化群生，为饶益众生。其以方便现身有疾，以其疾故，国王大臣，长者居士，皆往问疾。维摩诘居士又以身疾，广为说法。

第三弟子品，言佛遣声闻乘弟子舍利弗、大目犍连、大迦叶等前去探视维摩诘居士，众弟子皆以往昔自己之小乘境界或小乘的修行方法曾遭到维摩诘居士的呵斥不敢前往问疾。

第四菩萨品，言佛又遣弥勒、光严童子等大乘菩萨前去探视维摩诘居士，众菩萨亦以自己之道行、境界不及维摩诘居士而不敢前去问疾。

第五文殊师利问疾品，言佛遣作为大乘菩萨智慧代表之文殊师利前去探视维摩诘居士。通过文殊师利菩萨与维摩诘居士的往复论难，深入阐析了"空""菩萨行"等大乘精义。

第六不思议品，记述维摩诘居士通过示现神通（如"借座灯王"），宣扬大乘佛教广窄兼容、久暂互摄、须弥纳芥子、七日涵一劫之不可思议解脱法门。

第七观众生品，通过维摩诘居士与文殊菩萨对论应如何观察众生现象，以及天女与舍利弗论辩男女之身相等，揭示男女无定相、众生如梦幻，破除小乘众对于"法"的执着。

第八佛道品，通过维摩诘居士与文殊菩萨对论"云何通达佛道"及"何等为如来种"，阐明众生身即是如来种及"行于非道，是为通达佛道"的"入世即是出世"的大乘菩萨精神。

第九入不二法门品，通过维摩诘居士与文殊师利及法自在等菩萨对论"何为入不二法门"，表明法自在菩萨等之以消除我、我所对待并非真入不二法门，唯有"文殊无言，净名杜口"才是遥契"释迦灵山拈花，迦叶微笑"之心传。

第十香积佛品，记述维摩诘居士运用神通力，派遣化身菩萨到众香国取回香饭度众及记述众香国诸菩萨对娑婆世界由鄙视到赞叹的转变，说明大乘菩萨舍己利他、与众生同甘苦共患难的无限悲心。

第十一菩萨行品，通过香积佛国诸菩萨向释迦牟尼问法，演绎出菩萨当修"尽、无尽"两种法门，揭示大乘菩萨应当不住世间不离世间，地狱不空誓不成佛。

第十二见阿閦佛品，通过维摩诘居士以"如自观身实相"回答佛问"何等观如来"，及以"无没生"回答舍利弗问"汝于何没而来生此"，说明一切诸法如同梦幻；进而通过佛告舍利弗，维摩诘居士乃是从清净之妙喜国来此娑婆世界的大菩萨，说明大乘菩萨"虽生不净佛土，为化众生，而不与愚暗而共合"。

第十三法供养品，记述释迦牟尼佛为天帝等称说此经之功德，指出信解受持此经即是以法供养如来；如能做到"依义不依语，依智不依识，依了义经不依不了义经，依法不依人"，即是"最上法供养"。

第十四嘱累品，记述佛以法嘱咐弥勒菩萨，令其广为流通传布，并借释迦牟尼佛之口，点出此经之经名。

从思想义理而论，经中有两句话可以说是本经思想的点睛之笔：一是"菩萨欲得净土，当净其心。随其心净，则佛土净"。二是"菩萨行于非道，是为通达佛道"。

"唯心净土"是大乘佛教的一个基本思想，许多经典都曾不同程度地语及它，但唯有此《维摩诘经》谈得最是直截了当、生动透彻，对中国佛教的天台、华严、禅宗的影响也最大。经中通过对舍利弗等小乘众执着于外境外法、怀疑此土污秽不净的弹斥，指出只要"深心清净，依佛智慧，则能见此佛土清净"。中国佛教自天台之后，逐渐出现一种"唯心"的倾向，就其思想渊源说，主要来自《维摩诘经》。

认为世间出世间不二，主张既出世又入世，这是《维摩诘经》另一个重要的思想特点。维摩诘居士本身就是一个为化度众生而出入世间乃至入诸淫舍酒肆而又能一尘不染的大悲菩萨，他在经中屡屡告诫诸大乘菩萨应该"随所化众生而取佛土"，这种出污泥而不染、入世俗而化他的既出世又入世的精神，对整个中国佛教产生了极其深刻的影响。

作为一种思维方式，或者说作为一种传法方式，《维摩诘经》的"不二法门"在中国佛教史上的影响也非同一般，所谓"文殊无言，净名杜口"与"释迦灵山拈花，迦叶微笑"一道，成为禅宗以心传心、不立文字的经典和历史的根据。

还有一点应该提及的，就是《维摩诘经》具有十分浓厚的文学色彩。凡治文学史的，几乎没有不知道它的人；历史上有许多诗人画家、文人墨士十分推崇《维摩诘经》，认为把它摆在文学史上，也是一部绝代佳作；自隋唐直至明清，以此经为题材写成变文、辞赋戏曲等更是数不胜数。《维摩诘经》的这一特点，除了它在体裁结构方面表现为故事形式外，还得力于此经译者之生花妙笔。

《维摩诘经》在中土共有七译，但影响最大、流传最广的，当推姚秦鸠摩罗什之译本。本书则以鸠摩罗什译之金陵刻经处本为底本。

鸠摩罗什（公元344—413年），又名"鸠摩罗什婆"或"鸠摩罗耆婆"，意译为"童寿"，是中国佛教史上四大译经家之一。

据有关史料记载，罗什祖籍天竺，生于西域龟兹国（今新疆库车一带），七岁随母出家，先习小乘，后改学大乘，遍参天下名宿、博览大小乘经论，誉满西域诸国。前秦苻坚闻其声德，嘱吕光攻下龟兹后，速将罗什送回关中。后因苻坚被杀，吕光割据凉州，自立为凉王，罗什遂羁留凉州十六七年。弘始三年（公元401年），后秦姚兴攻破凉州，罗什始得东至长安，被姚兴尊为国师，并请入逍遥园。自此之后，罗什开始其大规模的译经传法活动。其弟子众多，号称门人三千，道生、僧肇等著名佛教思想家都出自其门。其所译经典，据《出三藏记集》载，为三十五部，二百九十四卷；据《开元释教录》载，为七十四部，三百八十四卷，其中，尤其对于中观学派经典的传译为最系统。罗什之译经，不但在数量上罕有与其匹，而且其义理圆通，文体顺畅，颇受时人及后世之推崇，此《维摩诘经》译本亦然，故本书取罗什之译本为底本。

经典

1 卷上

佛国品第一

原典

维摩诘①所说经卷上

　　如是我闻：一时，佛在毗耶离②庵罗树园③，与大比丘④众，八千人俱，菩萨⑤三万二千。众所知识⑥，大智⑦本行⑧，皆悉成就，诸佛威神之所建立。为护法城，受持正法；能师子吼⑨，名闻十方；众人不请，友而安之；绍隆三宝⑩，能使不绝；降伏魔⑪怨，制诸外道⑫；悉已清净，永离盖缠⑬；心常安住，无碍解脱⑭；念定总持⑮，辩才不断；布施、持戒、忍辱、精进、禅定、智慧，及方便力⑯，无不具足；逮无所得，不起法忍⑰；已能随顺，转不退轮⑱；善解法相⑲，知众生根；盖诸大众，得无所畏⑳；功德智慧，以修其心；相好严身，色像第一；舍诸世间，所有饰好；名称高远，逾于须弥[21]；深信坚固，犹若金刚[22]；法宝普照，而雨甘露；于众言音，微妙第一；深入缘起，断诸邪见；有无二边，无复余习；演法无畏，犹师子吼；其所讲说，乃如雷震；无有量，已过量；集众法宝，如海导师；了达诸法深妙之义，善知众生往来所趣，及心所行，近无等等佛自在慧、十力[23]、无畏[24]、十八不共[25]；关闭一切诸恶趣[26]门，而生五道[27]以现其身，为大医王；善疗众病，应病与药，令得服行；无量功德皆成就，无量佛土皆严净；其见闻者，无不蒙益；诸有所作，亦不唐捐[28]；如是一切功德，皆悉具足。

其名曰：等观菩萨、不等观菩萨、等不等观菩萨、定自在王菩萨、法自在王菩萨、法相菩萨、光相菩萨、光严菩萨、大严菩萨、宝积菩萨、辩积菩萨、宝手菩萨、宝印手菩萨、常举手菩萨、常下手菩萨、常惨菩萨、喜根菩萨、喜王菩萨、辩音菩萨、虚空藏菩萨、执宝炬菩萨、宝勇菩萨、宝见菩萨、帝网菩萨、明网菩萨、无缘观菩萨、慧积菩萨、宝胜菩萨、天王菩萨、坏魔菩萨、电德菩萨、自在王菩萨、功德相严菩萨、师子吼菩萨、雷音菩萨、山相击音菩萨、香象菩萨、白香象菩萨、常精进菩萨、不休息菩萨、妙生菩萨、华严菩萨、观世音菩萨、得大势菩萨、梵网菩萨、宝杖菩萨、无胜菩萨、严土菩萨、金髻菩萨、珠髻菩萨、弥勒菩萨、文殊师利法王子菩萨，如是等三万二千人。复有万梵天王尸弃㉙等，从余四天下，来诣佛所，而为听法。复有万二千天帝，亦从余四天下，来在会坐。并余大威力诸天、龙、神、夜叉、乾闼婆、阿修罗、迦楼罗、紧那罗、摩睺罗伽㉚等，悉来会坐。诸比丘、比丘尼、优婆塞、优婆夷㉛，俱来会坐。

注释

①**维摩诘**：亦称"维摩""毗摩罗诘"，旧译"净名"，新译"无垢称"，佛陀在世时印度毗耶离城之居士。他虽身在尘俗，但道行之高远、对大乘义理之精通，为很多出家乃至成道证果之小乘众所不能及。经中通过其对舍利弗等前去探疾之小乘众的弹呵及与文殊菩萨之对论"不二法门"，生动、深入地揭示了空、无相及出世与入世不二等大乘佛教之精义。

②**毗耶离**：地名。"毗耶离"是梵语，意译作"广严城"，佛教典籍中译名不一，亦作"毗舍离"（《佛国记》）、"吠舍厘"（《大唐西域记》）、"鞞奢隶夜城"（《一切经音义》）、"薛舍离"（《求法高僧传》）等，在印度干达克河以东，今称"毗萨罗"。

③**庵罗树园**：亦作"庵没罗林""庵罗卫林""庵婆

梨园""庵婆罗园"等，乃庵没罗女献给佛陀的园林，后为佛陀讲经说法之处所，位于毗耶离城附近。

④**比丘**：是梵语，意含乞士、破烦恼、净持戒、能怖魔四义，因汉语中无与之相应之语汇，故一般佛典中都径取梵音。

⑤**菩萨**：梵语之简译，全译为"菩提萨埵"，意为"觉有情"，指以证成佛果为最终目标之大乘众。

⑥**众所知识**："知识"为朋友之异称，此间之"众所知识"指参与法会之诸菩萨都道行高远、大名鼎鼎，为广大众生所熟知。

⑦**大智**：智有三种："一切智""道种智""一切种智"。"一切智"指了悟诸法皆空之智慧；"道种智"则能于知空之上，更知不空；"一切种智"则了悟诸法既空又假、非空非假，是空与假的统一。前者属二乘之智慧，后者属佛之究竟智，"道种智"则属于菩萨的智慧。这里的大智主要指道种智。

⑧**本行**：菩萨以引渡众生成佛为最终目标，故以"六度""四摄"诸行为本。"六度"即布施、持戒、忍辱、精进、禅定、般若；"四摄"即布施摄、爱语摄、利行摄、同事摄。

⑨**师子吼**："师子"即"狮子"。狮子乃百兽之王。它的吼声，能使群兽怖畏、慑服。此喻诸菩萨所弘扬的

佛法，足以使群邪异学畏怖、慑服。

⑩**三宝**：即佛、法、僧。

⑪**魔**：即魔鬼，它能以身心烦恼乃至生死诸苦夺人慧命。

⑫**外道**：指佛教外之邪法异学。

⑬**盖缠**：即"五盖""十缠"。"五盖"指有五种法能盖覆人之善心，即贪欲、嗔恚、惛眠、掉举恶作、疑；"十缠"指有十种妄惑，能缠缚众生使其不能出离生死苦海，不能证入涅槃，即无惭、无愧、嫉、悭、悔、睡眠、掉举、昏沉、嗔忿、覆。

⑭**无碍解脱**：无碍，即无障碍、无所挂碍。无碍解脱指已达到一种永离烦恼盖缠，于诸法通达无碍的境界。

⑮**念定总持**：念即正念，定为正定，总持指持善不失，持恶不生。

⑯**方便力**：指以方便智或巧妙之方法与手段摄化众生。

⑰**法忍**：此为"无生法忍"之简称，亦即了悟诸法乃不生不灭之智慧。

⑱**转不退轮**："轮"即法轮，指佛法，菩萨证得佛法真谛，永不退失，并能将此真智辗转开示一切众生，谓之转不退轮。

⑲**善解法相**：一切诸法就其本质说，都是空无自性

的，但就现象上看，则表现为种种差别相，善于了解诸法之一性殊相，则谓之善解法相。

⑳**无所畏**：即无所畏怖之意。无畏可分为"佛无畏"和"菩萨无畏"，这里主要指菩萨"四无畏"，即总持无畏（如前面所说的"念定总持"）、决疑无畏（如"善解法相"）、知无畏（如前面所言"知众生根"）、答报无畏（指为报答国土、三宝及众生恩而勇猛精进，说法无畏）。

㉑**须弥**：又作苏迷庐山、须弥庐山、须弥留山、修迷楼山等，即须弥山，意译为妙高山、好高山、善高山、妙光山等。原为印度神话中之山名，后佛教延用之，把它视为一小世界中央之最高的山，以它为中心，周围有八山、八水环绕，而形成一个小世界。

㉒**金刚**：即金刚石，因其坚固异常，故借以喻菩萨之深信坚固不可破坏。

㉓**十力**：指如来特有之十种超常、非凡之智力：一、"知处非处智力"，即知事物理与非理的智力；二、"知三世业报智力"，即知一切众生三世因缘业报的智力；三、"知诸禅解脱三昧智力"，即知诸禅定、八解脱、三三昧智力；四、"知众生上下根智力"，即知各类众生根机优劣之智力；五、"知种种解智力"，即知各类众生对事物之知解、认识之智力；六、"知种种界智力"，即知众生素质、境界个个不同之智力；七、"知一切至处道智力"，

即知一切众生善恶之举及其所趣向之智力；八、"知天眼无碍智力"，即以天眼彻知各类众生生老病死及善恶业报之智力；九、"知宿命无漏智力"，即知众生宿命乃至何时能证得无漏涅槃之智力；十、"知永断习气智力"，即知永远断除烦恼业障，不再进入生死轮回之智力。

㉔**无畏**：即佛之四无畏：一切智无所畏，即彻知诸法实相，住于正见而无所畏怖；二是一切漏尽无所畏，即已断尽一切烦恼而不再有为任何烦恼侵扰之畏怖；三是说障道无所畏，即对阐示、破除障碍修行之种种外道邪法无所畏怖；四是说尽苦道无畏，即宣说出离苦道之法而无所畏怖。

㉕**十八不共**：指佛不同于二乘及其他圣者的特殊功德，共有十八种：一、"身无失"，二、"口无失"，三、"念无失"，四、"无异想"，五、"无不定心"，六、"无不知己舍心"，七、"欲无减"，八、"精进无减"，九、"念无减"，十、"慧无减"，十一、"解脱无减"，十二、"解脱知见无减"，十三、"一切身业随智慧行"，十四、"一切口业随智慧行"，十五、"一切意业随智慧行"，十六、"智慧知过去世无碍无阂无障"，十七、"智慧知未来世无碍无阂无障"，十八、"智慧知现在世无碍无阂无障"。

㉖**恶趣**：又称恶道，即由恶业所感，而应趣向之处所。佛教中有"三恶趣""五恶趣""六恶趣"等说法。

"三恶趣"指地狱、饿鬼、畜生，若再加上人、天、阿修罗，即为"六恶趣"。

㉗**五道**：即"五恶趣"，指地狱、饿鬼、畜生、人、天。

㉘**唐捐**：虚掷、落空之意。

㉙**梵天王尸弃**：色界初禅天之大梵天称梵天王，其名叫尸弃。深信正法，每逢佛出世，必最先来请佛转法轮。

㉚**天、龙、神、夜叉、乾闼婆、阿修罗、迦楼罗、紧那罗、摩睺罗伽**：此中九类除"神"之外，俗称"天龙八部"。对于"神"，僧肇之《维摩诘注》称之为"受善恶杂报，似人、天而非人、天"之一类，而今人竺摩法师的《维摩经讲话》和陈慧剑先生的《维摩经今译》则把它归入"龙"类，合称"龙神"。

㉛**比丘、比丘尼、优婆塞、优婆夷**：此为佛门四众弟子。前二为出家男女二众，后二为在家男女二众。

译文

这是我亲自听佛说的：当时，佛在毗耶离城附近的庵罗树园，与大比丘众八千多人在一起，同时在场的还有三万二千个大菩萨。这些大比丘、大菩萨道行都十分高深，且声名远扬，他们以"六度""四摄"为本行，具足了诸佛如来加被给他们的威力和神通。这些大比丘、大菩萨不但能承续慧命，而且能发"狮子吼"，使佛法广为传布。他们以大慈大悲之心，主动四处弘扬佛陀的教化，制伏诸外道，降伏众魔障，使佛法世代相传，不使断绝。这些大比丘、大菩萨都已远离烦恼惑障，心常清净而毫无垢染，安住于自由自在的无碍境界，并能以其正念、正定而使诸恶不生、诸善增长，更因其有无上的智慧而辩才不断。至于布施、持戒、忍辱、精进、禅定、般若智慧六度及方便随机摄化众生之本领，他们更是无不具足。他们已经达到"得而无得"，远离一切执着的境界。他们不但已能随顺诸法实相演说佛法，而且善解实相与世间诸法的相互关系，知晓各类众生的根机悟性，随机说法济度无量众生，得"总持""决疑""知根""答报"等菩萨四无畏。这些大比丘、大菩萨能以各种功德智慧修其身心，虽然没有世俗的种种装饰，但个个都相好庄严。他们的功德智慧闻名遐迩，响彻寰宇；深心信心，固若金刚；护法弘法，普泽天下；说法音声，清纯微妙；深谙义理，离诸邪见；断除一切烦恼习气，永远不落有无二边；说法有如狮子吼、雷霆震，不受时空的限制而遍满一切法界，如大海中之舵手，引导众生从生死此岸到涅槃彼岸。这些大比丘、大菩萨都洞达佛法深奥玄妙之义理，熟知众生三世之业报、境遇，具有了接近于佛的一切种智、十力、四无畏、十八不共法。他们虽然早已关闭了通往地狱、畜生诸恶趣之门，但又以慈悲心和大愿力示现于五道之中，像人间的良医一样，对症下药，疗治众生的种种疾病。这些大比丘、大菩萨因具备了以上所述的无量功德，一切国土亦因之而变得庄严、清净，举凡能听闻到他们说法教化的，无不蒙受巨大的利益，他们的一切功德善行，都有了相应的结果，实在是功不唐捐。上面所说的那些功德、善行和智慧，这些菩萨无不具备。

他们名号分别是：等观菩萨、不等观菩萨、等不等观菩萨、定自在王菩萨、法自在王菩萨、法相菩萨、光相菩萨、光严菩萨、大严菩萨、宝积菩萨、辩积菩萨、宝手菩萨、宝印手菩萨、常举手菩萨、常下手菩萨、常惨菩萨、喜根菩萨、喜王菩萨、辩音菩萨、虚空藏菩萨、执宝炬菩萨、宝勇菩萨、宝见菩萨、帝网菩萨、明网菩萨、无缘观菩萨、慧积菩萨、宝胜菩萨、天王菩萨、坏魔菩萨、电德菩萨、自在王菩萨、功德相严菩萨、师子吼菩萨、雷音菩萨、山相击音菩萨、香象菩萨、白香象菩萨、常精进菩萨、不休息菩萨、妙生菩萨、华严菩萨、观世音菩萨、得大势菩萨、梵网菩萨、宝杖菩萨、无胜菩萨、严土菩萨、金髻菩萨、珠髻菩萨、弥勒菩萨、文殊菩萨等等，凡三万二千人，就是这些大菩萨出席了这次盛大的法会。此外，还有数以万计的梵天天王如尸弃等、一万二千位天帝及众多具大威力之"天龙八部众"（天、龙神、夜叉、乾闼婆、阿修罗、迦楼罗、紧那罗、摩睺罗伽）亦从各地来到毗耶离城庵罗树园，聆听佛陀说法。同时，许多比丘、比丘尼、优婆塞、优婆夷亦前来与会听法。

原典

彼时，佛与无量百千之众，恭敬围绕，而为说法。譬如须弥山王，显于大海，安处众宝师子之座，蔽于一切诸来大众。

尔时，毗耶离城有长者子，名曰宝积，与五百长者子，俱持七宝盖，来诣佛所，头面礼足，各以其盖共供养佛。佛之威神，令诸宝盖①合成一盖，遍覆三千大千世界②。而此世界广长之相，悉于中现。又此三千大千世界，诸须弥山、雪山、目真邻陀山、摩诃目真邻陀山、香山、黑山、铁围山、大铁围山、大海江河、川流泉源，及日月星辰、天宫、龙宫、诸尊神宫，悉现于宝盖中。又十方③诸佛，诸佛说法，亦现于宝盖中。尔时，一切大众睹佛神力，叹未曾有，合掌礼佛，瞻仰尊颜，目不暂舍。长者子宝积，即于佛前，以偈颂曰：

目净修广如青莲，心净已度诸禅定；
久积净业称无量，导众以寂故稽首。
既见大圣以神变④，普现十方无量土；
其中诸佛演说法，于是一切悉见闻。
法王法力超群生，常以法财施⑤一切；
能善分别诸法相，于第一义⑥而不动。
已于诸法得自在，是故稽首此法王⑦；
说法不有亦不无，以因缘故诸法生。
无我无造无受者，善恶之业亦不亡；
始在佛树力降魔，得甘露灭觉道成。
已无心意无受行，而悉摧伏诸外道；
三转法轮于大千，其轮本来常清净。
大人得道此为证，三宝于是现世间；
以斯妙法济群生，一受不退常寂然。
度老病死大医王⑧，当礼法海德无边；
毁誉不动如须弥，于善不善等以慈。
心行平等如虚空，孰闻人宝不敬承；
今奉世尊此微盖，于中现我三千界。
诸天龙神所居宫，乾闼婆等及夜叉；
悉见世间诸所有，十力哀现是化变。

众睹稀有皆叹佛，今我稽首三界尊^⑨；

大圣法王众所归，净心观佛靡不欣。

各见世尊在其前，斯则神力不共法；

佛以一音演说法，众生随类各得解。

皆谓世尊同其语，斯则神力不共法；

佛以一音演说法，众生各各随所解。

普得受行获其利，斯则神力不共法；

佛以一音演说法，或有恐畏或欢喜。

或生厌离或断疑，斯则神力不共法；

稽首十力大精进，稽首已得无所畏。

稽首住于不共法，稽首一切大导师；

稽首能断诸结缚^⑩，稽首已到于彼岸^⑪。

稽首能度诸世间，稽首永离生死道；

悉知众生来去相，善于诸法得解脱。

不着世间如莲华，常善入于空寂行；

达诸法相无挂碍，稽首如空无所依。

尔时，长者子宝积说此偈已，白佛言："世尊，是五百长者子，皆已发阿耨多罗三藐三菩提^⑫心，愿闻得佛国土清净，唯愿世尊说诸菩萨净土之行。"

佛言："善哉，宝积！乃能为诸菩萨，问于如来净土之行，谛听！谛听！善思念之！当为汝说。"于是宝积及五百长者子，受教而听。

佛言："宝积，众生之类，是菩萨佛土。所以者何？菩萨随所化众生，而取佛土；随所调伏众生，而取佛土；随诸众生，应以何国入佛智慧，而取佛土；随诸众生，应以何国起菩萨根，而取佛土。所以者何？菩萨取于净国，皆为饶益诸众生故。譬如有人，欲于空地，造立宫室，随意无碍；若于虚空，终不能成。菩萨如是，为成就众生故，愿取佛国；愿取佛国者，非于空也。

"宝积，当知直心⑬是菩萨净土，菩萨成佛时，不谄众生来生其国；深心⑭是菩萨净土，菩萨成佛时，具足功德众生来生其国；菩提心⑮是菩萨净土，菩萨成佛时，大乘众生来生其国；布施是菩萨净土，菩萨成佛时，一切能舍众生来生其国；持戒是菩萨净土，菩萨成佛时，行十善道满愿众生来生其国；忍辱是菩萨净土，菩萨成佛时，三十二相⑯庄严众生来生其国；精进是菩萨净土，菩萨成佛时，勤修一切功德众生来生其国；禅定是菩萨净土，菩萨成佛时，摄心不乱众生来生其国；智慧是菩萨净土，菩萨成佛时，正定众生来生其国；四无量心⑰是菩萨净土，菩萨成佛时，成就慈、悲、喜、舍众生来生其国；四摄法⑱是菩萨净土，菩萨成佛时，解脱所摄众生来生其国；方便是菩萨净土，菩萨成佛时，于一切法方便无碍众生来生其国；三十七道品⑲是菩萨净土，菩萨成佛时，念处、正勤、神足、根、力、觉、道㉑众生来生其国；回向心㉑是菩萨净土，菩萨成佛时，得一切具足功德国土；说除八难是菩萨净土，菩萨成佛时，国土无有三恶八难㉒；自守戒行、不讥彼阙是菩萨净土，菩萨成佛时，国土无有犯禁之名；十善㉓是菩萨净土，菩萨成佛时，命不中夭，大富梵行，所言诚谛，常以软语，眷属不离，善和诤讼，言必饶益，不嫉不恚，正见众生来生其国。

"如是，宝积，菩萨随其直心，则能发行；随其发行，则得深心；随其深心，则意调伏；随其调伏，则如说行；随如说行，则能回向；随其回向，则有方便；随其方便，则成就众生；随成就众生，则佛土净；随佛土净，则说法净；随说法净，则智慧净；随智慧净，则其心净；随其心净，则一切功德净。是故，宝积，若菩萨欲得净土，当净其心；随其心净，则佛土净。"

尔时，舍利弗承佛威神作是念：若菩萨心净，则佛土净者，我世尊本为菩萨时，意岂不净，而是佛土不净若此？

佛知其念，即告之言："于意云何？日月岂不净耶？而盲者不见。"

对曰："不也，世尊，是盲者过，非日月咎。"

"舍利弗，众生罪故，不见如来国土严净，非如来咎。舍利弗，我此土净，而汝不见。"

尔时，螺髻梵王语舍利弗："勿作是念，谓此佛土以为不净。所以者何？我见释迦牟尼佛土清净，譬如自在天宫^㉔。"

舍利弗言："我见此土，丘陵坑坎，荆棘沙砾，土石诸山，秽恶充满。"

螺髻梵王言："仁者心有高下，不依佛慧，故见此土为不净耳。舍利弗，菩萨于一切众生悉皆平等，深心清净，依佛智慧，则能见此佛土清净。"

于是佛以足指按地，即时三千大千世界，若干百千珍宝严饰，譬如宝庄严佛，无量功德宝庄严土，一切大众叹未曾有，而皆自见坐宝莲华。

佛告舍利弗："汝且观是佛土严净？"舍利弗言："唯然，世尊！本所不见，本所不闻，今佛国土严净悉现。"

佛告舍利弗："我佛国土，常净若此，为欲度斯下劣人故，示是众恶不净土耳。譬如诸天，共宝器食，随其福德，饭色有异。如是，舍利弗，若人心净，便见此土功德庄严。"

当佛现此国土严净之时，宝积所将五百长者子，皆得无生法忍；八万四千人，皆发阿耨多罗三藐三菩提心。佛摄神足，于是世界还复如故。求声闻乘^㉕者三万二千，诸天及人，知有为法皆悉无常，远尘离垢，得法眼净。

八千比丘，不受诸法，漏尽意解㉖。

注释

①**宝盖**：一种用珠宝装饰而成的彩伞，悬于法会讲座之顶上。

②**三千大千世界**：按照佛教的说法，以须弥山为中心，为八山八海所环绕，以铁围山为外廓，由此形成一小千世界；由一千个小千世界构成一中千世界；由一千个中千世界，构成一大千世界。统合此小千、中千、大千世界，则成"三千大千世界"。

③**十方**：佛经以东、西、南、北、东南、西北、东北、西南、上、下为十方。

④**神变**：指佛菩萨以神通力变现各种不可思议之境象。

⑤**法财施**：即"法施"与"财施"。"法施"亦称"法供养"。"法施"多指对下宣讲、开示佛法；"法供养"多为对上之语。"财施"则是向人布施、施舍钱财。

⑥**第一义**：即最究竟之真理。

⑦**法王**：即佛之异称。佛于诸法自在，故称法王。

⑧**大医王**：佛之异称。佛以法药利济群生，医治众生的种种病患，故亦称大医王。

⑨**三界尊**："三界"指欲界、色界、无色界；佛为三界中之最尊者，故名。

⑩**结缚**：烦恼之异称，喻其能系缚人之身心使之不得解脱。

⑪**彼岸**：即涅槃之境界。在佛教中，生死之境界谓之此岸，烦恼业障称为中流，悟道证涅槃谓之至彼岸。

⑫**阿耨多罗三藐三菩提**：无上正等正觉，即遍知一切真理之无上智慧，指佛智。

⑬**直心**：即有正直、诚实之心而无虚假、谄曲之心。

⑭**深心**：指求法之心深而切，信法之心深而固。

⑮**菩提心**：即求无上菩提之心，亦称道心。

⑯**三十二相**：指佛陀的三十二种祥瑞之相。

⑰**四无量心**：即"慈、悲、喜、舍"四梵行。"慈"能给人以乐，"悲"能救人于苦，"喜"指见人离苦得乐而生喜悦之心，"舍"则对于一切众生，能舍怨舍亲，怨亲无别，心存平等。

⑱**四摄法**：一、"布施摄"，即能惠施予人，包括法施与财施；二、"爱语摄"，即能以爱心、爱语给人以欢愉、快乐；三、"利行摄"，即能以各种善行给人以方便、利益；四、"同事摄"，即能根据各类众生不同的根机、品性，随机促其止恶增善。

⑲**三十七道品**：亦称三十七菩提分、三十七觉支，

即追求智慧、悟道成佛的三十七种修行方法。此三十七道品可进一步分为七大类：一是四念处，即身念处、受念处、心念处、法念处；二是四正勤，即未生恶令不生、已生恶令永断、未生善令善生、已生善令增长；三是四如意足，即欲如意足、精进如意足、心如意足、思维如意足；四是五根，即信根、精进根、念根、定根、慧根；五是五力，即信力、精进力、念力、定力、慧力；六是七觉支，即择法觉支、精进觉支、喜觉支、除觉支、舍觉支、定觉支、念觉支；七是八正道，即正见、正思维、正语、正业、正命、正精进、正念、正定。

⑳**念处、正勤、神足、根、力、觉、道**：即四念处、四正勤、四如意足、五根、五力、七觉支、八正道。

㉑**回向心**：回向心有三种：一是回己功德，普惠众生；二是回己修行，上求菩提；三是回己智慧，但求实际。

㉒**三恶八难**："三恶"即三恶道：地狱、饿鬼、畜生。"八难"即生于地狱、饿鬼、畜生三恶道为三难，四难为生于佛前佛后而不得见佛闻法，五难为生于长寿天而障于见佛闻法，六难为生于北俱庐洲贪图眼前的快乐而不喜听闻佛法，七难为身患盲聋病喑哑诸根不具不能见佛闻法，八难为生而极富世智辩聪却喜外道邪书而不信佛道正法。

㉓**十善**：身口意所为之十种恶行为十恶，离十恶行则为十善。十恶是杀生、偷盗、邪淫、妄语、两舌、恶口、绮语、贪欲、嗔恚、邪见。离此十恶则为十善。

㉔**自在天宫**：为色界第四禅天主神自在天王之宫殿。

㉕**声闻乘**：指听闻佛之声教而悟道得解脱之人，相对于佛乘、菩萨乘而言，它属于小乘。

㉖**漏尽意解**：指断尽一切烦恼而证得罗汉果。

译文

当时，这众多的梵天王、天帝、天龙八部众、比丘、比丘尼、优婆塞、优婆夷十分恭敬地围绕着佛陀，佛陀庄重地安坐于狮子座上，并为大家开示说法，这情形有如须弥大山矗立于大海之上，极是伟岸庄严。

其时，毗耶离城有一位名叫宝积的长者子，带领五百名长者子亦来与会听法。这些长者子都带着用七宝装饰成的宝伞，来到会场之后，都五体投地，参拜佛陀，并把带来的宝伞供献给佛陀。其时，佛以其不可思议之神通和威力把这众多宝伞合拢成一个奇大无比的大宝伞，盖覆了三千大千世界。此三千大千世界不管它如何广阔无垠、高入云端，也都尽收其中；一切山河大地、天宫宝刹，诸如须弥山、雪山、目真邻陀山、摩诃目真邻陀山、香山、黑山、铁围山、大铁围山、天宫、龙宫、日月星辰等等，悉数显现其中。与会诸大众目睹佛陀的神通威力后，都赞叹不已，合掌礼拜，目不转睛地仰视着佛陀的慈容。长者子宝积随即唱了这样一首偈颂：

> 佛的眼睛清澈明亮，又长又大，有如青水莲，
> 佛的心地离诸尘垢，无染无碍，已达深定境；
> 以无量世的善行净业，引导众生离苦海达涅槃，
> 因而深得大众的礼敬、崇拜。

现在，我们又亲眼目睹佛以神通变现的三千大千世界。

每一方国土都有无量诸佛在演说佛法，

乃至一切山河大地、天宫宝刹等都尽现其中。

佛陀的法力超群，常以正法济度一切众生。

既善于分辨诸法种种异相，又深契实相不一不异之精义。

佛陀已于法自在，故能法力超群，济众无疆，

所以深得大众的礼敬、崇拜。

其说法不落有无二边，认为诸法都是因缘而生。

既无造作者，又无永恒不灭的实体，更无业报的承担者，

但一切因缘业报都不会因此而消失。

佛陀于菩提树下降伏诸恶魔，终于证悟成就佛道。

　　因已熄灭一切虚妄分别之心识及一切有所造作的心所受行，

　　故能摧伏一切邪魔外道。

　　佛陀在婆婆世界三转法轮，

　　所创立的"四谛法""十二因缘"实乃至极的真理。

　　佛法的问世使得众多天人证道得解脱，

　　从此之后婆婆世界终于出现了佛、法、僧三宝。

　　佛以这样的清净妙法济度群生，

　　众生若能信受奉行，便可得不退转而入于涅槃。

　　佛陀实是医治众生生、老、病、死诸苦患的大医王，

　　人们实在应该礼敬、感谢功德无边的伟大的佛法。

　　佛陀在"称、讥、毁、誉"面前向来稳如须弥，丝毫不会为之所动，

　　于善与不善乃至诸恶都能以平等不二的仁慈之心待之；

　　心如虚空广大包容而不对世间的万物妄生差别之见，

对于这样的人众法王谁能不生崇敬之情。

现在我们面前所供奉的这个大宝伞，就可显现三千大千世界，

不管是天宫、龙宫及乾闼婆、夜叉等八部众的居所，

还是世间一切大地山河、日月星辰也都显现其中，

大家不能不对佛陀的神通威力深表赞叹，佩服得五体投地。

如此的法王理所当然成为人们崇敬的对象，

瞻仰这样的人众法王又有谁不欢欣雀跃呢！

显现于各人眼前的佛陀的庄严身相也许各不相同，

这是佛陀之神力与人、天乃至二乘不同之处。

佛陀以同样的音声、语言演说同一种佛法，

各类众生都能从中得益乃至获得解脱，

更有甚者，各类众生所听到的都是本族类的语言，

这也是佛陀的神力高出于人、天乃至二乘的地方。

佛陀以同样的音声、语言演说同样的佛法，

各类众生都能从中得益乃至获得解脱，

不管他们的根机悟性如何不同也同样能获得利益，

这也是佛陀的神力高出于人、天乃至二乘的地方。

佛陀以同样的音声、语言演说同样的佛法，

但听后却有的忧怖恐惧，有的快乐欢喜，

有的厌离生死，有的决惑断疑，

这也是佛陀的神力高出人、天乃至二乘的地方。

让我们虔诚顶礼，这位精进度生济世的佛陀。

让我们虔诚顶礼，这位已得四无所畏的佛陀。

让我们虔诚顶礼，这位已住于十八不共法的佛陀。

让我们虔诚顶礼，这位作为天人大导师的佛陀。

让我们虔诚顶礼，这位能断除众生烦恼业障的佛陀。

让我们虔诚顶礼，这位已证涅槃、登彼岸的佛陀。

让我们虔诚顶礼，这位能度世间一切众生的佛陀。

让我们虔诚顶礼，这位永出苦海、远离生死道的佛陀。

这位伟大的佛陀，悉知众生三世流转，往来

诸相，

于法自在，善于随顺诸法而得解脱，

虽然示现于娑婆世界，但不为尘世垢浊所染，如水中之莲花。

虽然常在空寂定中，但又不为空所缚，善于在寂光定中度人。

伟大的佛陀，已于一切法自在无挂碍，

让我们虔诚顶礼，这位法身如虚空、遍法界的伟大的佛陀。

当长者子宝积唱完这首偈颂后，接着又对佛陀说："世尊，这五百位长者子，都已发无上的道心，因此很希望世尊能为他们讲讲佛国的净土以及应该如何修习菩萨净土法门。"

佛说："真是太好了，宝积！你能为众菩萨请求开示净土法门。请你们专心地听着，认真地思考，好好地记住，我现在就为你们解说何谓菩萨净土法门。"于是，宝积及五百长者子，都欢欣雀跃，恭敬地聆听佛陀的开示。

佛说："宝积，一切众生界，即是菩萨净土。为什么这么说呢？因为菩萨随所要化度的众生取菩萨净土，随所要调伏的众生取菩萨净土，根据各类众生将在什么样的国度才能进入佛智慧而取菩萨净土，根据各类众生将在什么样的国度才能萌生菩萨道根而取菩萨净土。菩萨之所以这么做，是因菩萨之取净土，都是为了饶益、济度众生，如果离开了众生，菩萨又如何去饶益、济度他们呢？这有如人们若想在半空中建楼阁，肯定是徒劳无功；而如果在平地上，就可以按照自己的意愿顺利地把宫殿楼阁建成。菩萨想得佛国，必须成就众生，成就了众生，佛国土自能完成实现；若不成就众生就想取得佛土肯定是不可能的。

　　"宝积啊！你们应当知道，一颗质朴诚实之心，即是菩萨净土，菩萨将来成佛时，一定会有许多正直诚实的众生来生其佛国；一颗深信坚固之心，即是菩萨净土，菩萨将来成佛时，一定会有许多具足种种功德的众生来生其佛国；无上道心即是菩萨净土，菩萨将来成佛时，一定会有许多信仰大乘的众生来生其佛国；布施即是菩萨净土，菩萨将来成佛时，一定会有许多乐施好善的众生来生其佛国；持戒即是菩萨净土，菩萨将来成佛时，一定会有许多戒行清净、普行十善的众生来生其佛国；忍辱即是菩萨净土，菩萨将来成佛时，一定会有许多相好庄严的众生来生其佛国；精进即是菩萨净土，菩萨将来成佛时，一定会有许多勤修净行、功德具足的众生来生其佛国；禅定即是菩萨净土，菩萨将来成佛时，一定会有许多定力高深的众生来生其佛国；智慧即是菩萨净土，菩萨将来成佛时，一定会有许多已悟大法、已得正定的众生来生其佛国；慈、悲、喜、舍'四无量心'即是菩萨净土，菩萨将来成佛时，一定会有许多修习实践此'四无量心'的众生来生其佛国；布施、爱语、利行、同事'四摄法'即是菩萨净土，菩萨将来成佛时，一定会有许多被此'四摄法'所摄化的众生来生其佛国；方便即是菩萨净土，菩萨将来成佛时，一定会有许多修习方便法门、于一切法通达无碍的众生来生其佛国；'三十七道品'即是菩萨净土，菩萨将来成佛时，一定会有许多修习'四念处''四正勤''四神足''五根''五力''七觉支'和'八正道'的众生来生其佛国；回向心即是菩萨净土，菩萨将来成佛时，其国土一定一切功德具足；说除五苦八难即是菩萨净土，菩萨将来成佛时，其国土没有三恶道及生老病死等种种苦难；自己戒行清净严谨且不讥讽他人犯戒即是菩萨净土，菩萨将来成佛时，其国土将不会有犯戒之人乃至没有犯戒之说；十善行即是菩萨净土，菩萨将来成佛时，其国土之人将都长寿富有、行为清净、为人诚实、话语柔和、合家和睦、亲朋友善、言多益人、不嫉不恚，举凡具有正见众生都争相来生其佛国。

"正如上面所说的，宝积，菩萨因其心地质直，则能发愿实行；随其愿行，则得深厚坚固的道心；随其有深厚坚固的道心，则能调伏其意念；随着意念的调伏，则能如佛法所说而行；既能如佛法所说而行，则能萌发回向之心；随其回向心的产生，则会有种种方便法门；随其种种方便法门，则能济度成就无量众生；随着无量众生的得度，则佛土自然清净；随着佛土的清净，则所说法自然是清净；随着所说法的清净，则清净智慧自然产生；随着清净智慧的产生，则其心境自然清净；随着心境的清净，则一切功德自然清净。所以，宝积，如果菩萨想要得到净土，首先当净其心，随其心净，则佛土自然清净。"

其时，舍利弗听了佛陀的这一番话后，心里就产生了这样一个疑问：如果菩萨心净则佛土净，那么我佛世尊当初为菩萨时，难道其心境意念也有不净吗？要不然为什么我们居住的这个世界会如此的污浊不堪？

佛陀凭借其神力，当即知道了舍利弗心中的疑问，便对舍利弗说："舍利弗，你认为怎么样呢？日月难道不明净吗？但是对于瞎子来说，一切都看不见。"

舍利弗回答说："不是的，世尊，日月并非不明净，只是瞎子看不见罢了。"

佛陀接着便说："说得对，舍利弗，所以看不到如来国土庄严清净，那完全是众生被烦恼业障所盖覆的缘故，并不是佛陀的国土自身不庄严清净。舍利弗，我的国土本是庄严清净的，但你却看不见，这就像瞎子看不见明净的日月一样。"

当时，螺髻梵王对舍利弗说："舍利弗，不该产生佛所居住的世界是污浊不堪的念头。为什么呢？因为我所看到的佛陀国土清澈明净得如自在天宫一般。"

舍利弗说："不对啊！我明明看见这个世界上到处是荆棘沙砾、坑坑洼洼、污秽不堪。"

螺髻梵王说："那是因为你自己尚不具有佛的智慧，心里还存有高下净染等种种分别的缘故，所以在你的眼里此国土是那样的高低不平、污秽不堪。舍利弗，菩萨对于一切众生，都怀着平等之心，无人我怨亲之区别，内心明净。如果能依佛的智慧去看世界，则能够看到这个世界是十分明净庄严的。"

螺髻梵王说完这些话后，佛陀即以足指按地，顿时由无以计数的奇珍异宝装饰起来的三千大千世界便显现在大家的眼前，极是富丽庄严，有如以无量的功德宝装饰起来的庄严佛土，当时，一切与会大众都赞叹不已，并发现自己都端坐于莲花宝座之上。

这时，佛陀便对舍利弗说："舍利弗，你看看这佛国土是不是很庄严清净？"舍利弗回答说："是的，世尊，这佛陀国土确实十分庄严清净，这样庄严清净的佛国土真是我前所未见、前所未闻的。"

佛陀又对舍利弗说："我佛国土，从来都是这么庄严清净的，只是为了济度那些劣质钝根众生，才方便示现种种污秽不净的现象，这有如诸天人同在一宝器中饮食，但因各人的智慧功德的差别而所看到的饭色却各不相同。舍利弗，看国土的清净与否也是一样，如果人的心清净，他所看到的诸佛国土一定功德具足、庄严清净。"

当佛陀示现此庄严国土时，宝积所率领的五百长者子都同时获得证悟诸法不生不灭的智慧；同时，与会的八万四千人，也都萌发了无上道心。其时，佛陀又把刚才按地之神足缩了回来，一时间，方才显现的三千大千世界顿时消失，眼前又恢复了原貌。当时，与会的三万二千小乘众、诸天及人，了悟一切有生灭的都是变化无常的，并都当下断除了一切烦恼惑障，得清净法眼，证得圣果；另外，与会的八千比丘，也都舍去了一切执着，断除一切烦恼惑障而证得罗汉果。

方便品第二

　　尔时，毗耶离大城中有长者，名维摩诘，已曾供养无量诸佛，深植善本，得无生忍；辩才无碍，游戏神通①；逮诸总持，获无所畏；降魔劳怨，入深法门；善于智度，通达方便，大愿成就；明了众生心之所趣；又能分别诸根利钝；久于佛道，心已纯淑，决定大乘②；诸有所作，能善思量；住佛威仪，心大如海；诸佛咨嗟，弟子、释、梵、世主所敬；欲度人故，以善方便，居毗耶离；资财无量，摄诸贫民；奉戒清净，摄诸毁禁；以忍调行，摄诸恚怒；以大精进，摄诸懈怠；一心禅寂，摄诸乱意；以决定慧，摄诸无智。

　　虽为白衣③，奉持沙门④清净律行；虽处居家，不着三界；示有妻子，常修梵行⑤；现有眷属，常乐远离；虽服宝饰，而以相好严身；虽复饮食，而以禅悦为味⑥。若至博弈戏处，辄以度人；受诸异道，不毁正信；虽明世典⑦，常乐佛法；一切见敬，为供养中最。

执持正法，摄诸长幼；一切治生谐偶，虽获俗利，不以喜悦；游诸四衢⑧，饶益众生；入治正法，救护一切；入讲论处，导以大乘；入诸学堂，诱开童蒙；入诸淫舍，示欲之过；入诸酒肆，能立其志。若在长者，长者中尊，为说胜法；若在居士，居士中尊，断其贪着；若在刹利⑨，刹利中尊，教以忍辱；若在婆罗门⑩，婆罗门中尊，除其我慢；若在大臣，大臣中尊，教以正法；若在王子，王子中尊，示以忠孝；若在内官，内官中尊，化正宫女；若在庶民，庶民中尊，令兴福力；若在梵天⑪，梵天中尊，诲以胜慧；若在帝释⑫，帝释中尊，示现无常⑬；若在护世⑭，护世中尊，护诸众生。

长者维摩诘，以如是等无量方便，饶益众生。其以方便，现身有疾。以其疾故，国王、大臣、长者、居士、婆罗门等，及诸王子，并余官属，无数千人，皆往问疾。其往者，维摩诘因以身疾，广为说法：

"诸仁者，是身无常、无强、无力、无坚、速朽之法，不可信也。为苦为恼，众病所集，诸仁者！如此身，明智者所不怙⑮。是身如聚沫，不可撮摩；是身如泡，不得久立；是身如焰，从渴爱生；是身如芭蕉，中无有坚；是身如幻，从颠倒起；是身如梦，为虚妄见；是身如影，从业缘⑯现；是身如响，属诸因缘；是身如浮云，须臾变灭；是身如电，念念不住；是身无主，为如地；是身无我，为如火；是身无寿，为如风；是身无人，为如水；是身不实，四大⑰为家；是身为空，离我、我所⑱；是身无知，如草木瓦砾；是身无作，风力所转；是身不净，秽恶充满；是身为虚伪，虽假以澡浴衣食，必归磨灭；是身为灾，百一病恼；是身如丘井，为老所逼；是身无定，为要当死；是身如毒蛇、如怨贼、如空聚，阴界诸入⑲所共合成。

"诸仁者，此可患厌，当乐佛身。所以者何？佛身者，即法身⑳也。从无量功德智慧生，从戒、定、慧、解脱、解脱知见生，从慈、悲、喜、舍生，从布施、持戒、忍辱、柔和、勤行精进、禅定、解脱、三昧㉑、多闻、智慧诸波罗蜜㉒生，从方便生，从六通㉓生，从三明㉔生，从三十七道品生，从止观㉕生，从十力、四无所畏、十八不共法生，从断一切不善法、集一切善法生，从真实生，从不放逸㉖生，从如是无量清净法生如来身。

"诸仁者，欲得佛身，断一切众生病者，当发阿耨多罗三藐三菩提心。"

如是长者维摩诘为诸问病者如应说法，令无数千人皆发阿耨多罗三藐三菩提心。

注释

①**游戏神通**：神通指佛菩萨所具有的一种超人间的、不可思议的功能和力量，如天眼通、天耳通等"六神通"，此处是指维摩诘居士能借种种神通在世间幻化度人。

②**大乘**：相对于声闻、缘觉等小乘之菩萨乘、佛乘，其特点是不以自度为目的，而把慈悲普度、成就佛道作为最终目标。

③**白衣**：指在家众、俗人。通常称出家之佛教徒为缁衣，在家之俗人为白衣。

④**沙门**：又作桑门、丧门，息心、净志之意，通常指出家修道之人。

⑤**梵行**："梵"为清净义，"梵行"即清净行。

⑥**禅悦为味**：即以禅定寂乐养诸身心。

⑦**世典**：佛典之外的世俗的典籍。

⑧**四衢**：即街市巷里。

⑨**刹利**：全称刹帝利，为古印度四种姓之一（婆罗门、刹帝利、吠舍、首陀罗），是印度古代之王族。

⑩**婆罗门**：古印度四种姓之一，位居四姓之首，是

信奉婆罗门教一族。

⑪**梵天**：即色界之初禅天。此天已离欲界之淫欲，寂然清净，故名。

⑫**帝释**：欲界"忉利天"（即三十三天）的主神，统领三十二天，是天界之领袖，亦称释提桓因。

⑬**无常**：指一切诸法都是因缘和合而成的，没有恒常不变的实体，都处在不断的生灭变化之中。

⑭**护世**：即护世四天王，亦作护国天王，它们分别为护持东方之持国天王，护持南方的增长天王，护持西方的广目天王，护持北方的多闻天王。据载此四天王居于须弥山之半腹，护持佛法和四天下，令诸恶魔恶鬼神不敢破坏佛法、侵扰众生。

⑮**不怙**：怙为依持义，不怙即不去依持。

⑯**业缘**：意为一切众生都是由一定的业力所缘起，善果为善业所缘起，恶果为恶业所缘起。

⑰**四大**：古代印度哲学认为构成宇宙万物有四个最基本的因素，即地、水、风、火。

⑱**我、我所**：我即自身；我所，即身外之事物，执之为我所有。佛教认为，一切众生都是五蕴和合的产物，并没有一个恒常不变的实体或主宰者，故倡"人无我"；同样，自身之外的其他事物，也都是因缘巧合而成的，并不是恒常不变的，故倡"法无我"。

⑲**阴界诸入**：阴即五阴，或称五蕴：色、受、想、行、识。佛教认为众生的身体都是此五蕴和合而成的；界即十八界，包括六识（能依之识）、六根（所依之根）、六境（所缘之境）。"六识"即眼识、耳识、鼻识、舌识、身识、意识；"六根"即眼、耳、鼻、舌、身、意；"六境"即色、声、香、味、触、法。

⑳**法身**：佛有法、化、报三身，此法身指以佛法成身或身具一切佛法，在佛教（特别在大乘佛教）学说中，此法身具有本体的意义。

㉑**三昧**：又作三摩地、三摩提，意译为定、正定，是一种把心定于一处，不令散乱的修行方法。

㉒**波罗蜜**：梵文音译，意译为度、到彼岸，指把众生从生死此岸度到涅槃彼岸的方法或途径。

㉓**六通**：即佛菩萨所具有的六种神通：天眼通、天耳通、神足通、他心通、宿命通、漏尽通。

㉔**三明**：即宿命明（指明了我及一切众生过去世之境遇及相状的智慧）、天眼明（指明了我及一切众生未来世生死归趣之种种相状的智慧）、漏尽明（指明了我及一切众生现在世种种苦难并证悟佛法断除一切烦恼的智慧）。

㉕**止观**：止即禅定，观即智慧，佛教两种最基本的修行方法。

㉖**放逸**：指放纵欲望而不能勤修善法。

译文

当时，毗耶离城中有一长者名叫维摩诘，曾经供养过无量诸佛，培植了深厚坚固的善根，获得了洞见诸法不生不灭的智慧；而且辩才无碍，以种种神通游戏人间、济度世人；掌握一切修持法门，获得了佛菩萨才具有的四无所畏；能够降伏魔怨惑障，深谙佛法真谛；善于用智慧度化众生，又善于用种种方便法门，随机摄化，明了众生因果趣向，善于分别众生的根机利钝，成就了教化、济度众生的大悲弘愿。很早以来，就深入佛道，心智已极灵明纯净，坚定不移地遵循和弘扬大乘精神，言行十分严谨，威仪十分庄严，心胸宽阔如海，深受一切诸佛的印可和赞叹，也深受佛陀弟子、帝释、梵天及世间君王的崇敬。为了济度世人，维摩诘才以居士的身份权宜客居于毗耶离城中，他资财极是富足，常常资助当地穷人，自己的持戒严谨清净，借此以影响示教那些犯戒之人；他具有极深的忍辱修养，并借此以摄化那些动辄嗔恚之众生；他勤于修行，借此以警策摄化那些懈怠懒散之人；他具有极深的禅定功夫，借此以摄化那些心浮意躁的众生；他常以无上智慧，摄化那些愚痴迷妄之世人。

他虽然身为居士，但持戒严谨清净；虽然在家，但不执着于尘俗世事；虽然有家小妻子，但常修清净行；虽然也有六亲眷属，但不为世俗烦恼所牵制；虽然身着华贵服饰，但更以相好庄严见称；虽然也像常人一样饮食吃饭，但更以禅悦为食；虽然也常至赌场戏院，但以劝诫世人为目的；虽然也常涉足外道异端，但从来不会影响其对佛法之纯正信仰；虽然旁通世典外书，但对佛法最是精通和爱好。正因为这样，维摩诘居士深受一切众生的崇敬和爱戴，是一切供养中最为殊胜的。

维摩诘居士常以长者的身份评判处理世俗的事务，其恩惠泽及毗耶离城的男女老幼；他虽然也像世俗之人那样从事谋生事业，且常常获得十分可观的利润，但从来不会因此而沾沾自喜；他也经常走街串巷，但所到之处都以佛法饶益世人；他也经常参与管理世俗的事务，但都能秉公执法，扶持正义，利济群生；每至讲经说论的地方，总以大乘法教化众生；每至学校讲堂，总以真知正见开导学童；他有时也出入于青楼妓院，那是为了警示世人淫欲之过；偶尔也走进闹市酒馆，那是为了教化那些醉生梦死之徒；在长者贤达群中，他深受崇敬，并为这些长者贤达宣说殊胜法门；在居士群中，他也深受崇敬，并教示居士们如何断除贪欲和执着；在贵族和武士阶层中，他同样深受崇敬，并教导这些贵族和武士应该如何培养忍辱精神；在古印度最为尊贵的婆罗门种姓中，他仍然深受崇敬，并教会这些婆罗门应该怎样弃除自大和傲慢；在王公大臣中，他照样极受崇敬，并教育这些王公大臣应该怎样遵守正法；在诸王子中，他依然深受崇敬，并教示这些王子应该怎样做到忠孝两全；在帝王的内宫中，他更是深受崇敬，并教化众宫女应该如何恪守本分；在平民百姓中，他也深受崇敬，并教育这些平民百姓如何培植福德善根；在诸梵天中，他同样备受崇敬，并为诸梵天开启殊胜智慧；在帝释天中，他也深受崇敬，并向帝释天示现三界无常的幻境及义理；在护法诸天神中，他同样深受崇敬，并教导诸护法如何护持佛法及众生。

维摩诘居士就是以上面说及的种种方便利益群生、济度天人。现在，维摩诘居士又假借身患疾病来教化众生。因为患病，国王大臣、长者居士、婆罗门及诸王子、百官臣僚等，数以千计人士都前去探视他，维摩诘居士则借此机会向众多前去探视的人广说大乘不可思议法门：

"诸位大德，我们这身血肉之躯，是不足依赖的，因为它是五蕴和合而成的，因而是无自性的，变幻无常的，而且因为这身血肉之躯，导致了众多的疾病和苦恼，所以一切明智之士，都不注重这血肉之身。此血肉之身有如泡沫，不可搓摩，不会长久存在；此血肉之身，有如阳焰，是沙漠中渴极欲饮者所产生的幻觉；此血肉之身，有如芭蕉之干，是没有坚固的实体的；此血肉之身，有如幻影，因为无明颠倒才产生的幻相；此血肉之身，有如梦中境象，是虚妄意识的产物；此血肉之身，有如影像，是过去业缘所感之果；此血肉之身，有如空中回荡的音响，是各种条件凑合在一起的产物；此血肉之身，有如浮云，瞬间即随风飘逝；此血肉之身，有如闪电，一闪即逝；此血肉之身，既无主宰，也无自性，既无寿命，也无定体，是地、水、风、火四大临时寄居之所，并无固定的实体；此血肉之身是空无自性的，并没有一个真我，其所属的一切也不复存在；此血肉之身是不具知觉灵性的，有如草木瓦砾；此血肉之身是不具有自主性的，只会像落叶一样随风飘转；此血肉之身是污秽不净的，有如一个臭皮囊，充满恶臭；此血肉之身，是虚假不实的，虽然每天都给它饮食沐浴，但终归是要死灭的；此血肉之身是诸多灾祸的根源，病痛苦恼都是由它产生；此血肉之身如丘之将颓、井之将枯，总有一天会衰老的；此血肉之身是毫无定性的，终有一天是要走向死亡的；此血肉之身有如毒蛇，有如怨贼，有如空荡荡的聚落，并没有自己恒常不变的实体，而是由'五蕴''六入''十八界'共同组合而成的假象幻影。

"各位大德，此血肉之身，着实令人厌恶，确实应该抛弃，只有那佛身，才是大家所应该追求的。为什么这么说呢？所谓佛身，也就是法身。此法身是从无量功德智慧产生的，是从戒、定、慧三学产生的，是从断除烦恼、解脱知见产生的，是从慈、悲、喜、舍'四无量心'产生的，是由布施、持戒、忍辱、柔和、勤行精进、禅定、解脱、三昧、多闻、智慧等修行方法中产生的，是从种种方便法门中产生的，是从'天眼通、天耳通、神足通、他心通、宿命通、漏尽通'产生的，是从'宿命明、天眼明、漏尽明'产生的，是从'三十七道品'产生的，是从止观并重的修持中产生的，是从'十力''四无所畏''十八不共法'产生的，是从断一切不善法集一切善法产生的，是从真如实际产生的，是从精进修持而不放逸产生的，如来法身是从这一切无量清净法产生的。

"诸位大德，如果想要修得佛身，断除一切病患苦恼，应该发无上道心。"

维摩诘居士就这样为前去探视他的各色人等开示大乘不可思议法门，令数以千计聆听者顿时都发无上道心。

弟子品第三

　　尔时，长者维摩诘自念：寝疾于床，世尊大慈，宁不垂愍？佛知其意，即告舍利弗①："汝行诣维摩诘问疾。"

　　舍利弗白佛言："世尊，我不堪任诣彼问疾。所以者何？忆念我昔，曾于林中，宴坐②树下，时维摩诘来谓我言：'唯，舍利弗！不必是坐，为宴坐也！夫宴坐者，不于三界现身意，是为宴坐；不起灭定而现诸威仪，是为宴坐；不舍道法而现凡夫事，是为宴坐；心不住内亦不在外，是为宴坐；于诸见不动，而修行三十七品，是为宴坐；不断烦恼而入涅槃，是为宴坐；若能如是坐者，佛所印可③。'时我，世尊！闻说是语，默然而止，不能加报，故我不任诣彼问疾。"

佛告大目犍连④："汝行诣维摩诘问疾。"

目连白佛言："世尊，我不堪任诣彼问疾。所以者何？忆念我昔，入毗耶离大城，于里巷中，为诸居士说法，时维摩诘来谓我言：'唯，大目连！为白衣居士说法，不当如仁者所说。夫说法者，当如法说。法无众生，离众生垢故；法无有我，离我垢故；法无寿命，离生死故；法无有人，前后际断故；法常寂然，灭诸相故；法离于相，无所缘故；法无名字，言语断故；法无有说，离觉观故；法无形相，如虚空故；法无戏论⑤，毕竟空⑥故；法无我所，离我所故；法无分别，离诸识故；法无有比，无相待故；法不属因，不在缘故；法同法性⑦，入诸法故；法随于如⑧，无所随故；法住实际⑨，诸边不动故；法无动摇，不依六尘故；法无去来，常不住故；法顺空，随无相⑩，应无作⑪。法离好丑，法无增损，法无生灭，法无所归，法过眼耳鼻舌身心；法无高下，法常住不动，法离一切观行。唯，大目连！法相如是，岂可说乎？夫说法者，无说无示；其听法者，无闻无得。譬如幻士为幻人说法，当建是意，而为说法；当了众生根有利钝，善于知见无所挂碍，以大悲心赞于大乘，念报佛恩，不断三宝，然后说法。'

"维摩诘说是法时，八百居士发阿耨多罗三藐三菩提心。我无此辩，是故不任诣彼问疾。"

佛告大迦叶[12]："汝行诣维摩诘问疾。"

迦叶白佛言："世尊，我不堪任诣彼问疾。所以者何？忆念我昔，于贫里而行乞，时维摩诘来谓我言：'唯，大迦叶！有慈悲心而不能普，舍豪富从贫乞。迦叶！住平等法，应次行乞食。为不食故，应行乞食；为坏和合相故，应取抟食[13]；为不受故，应受彼食；以空聚想，入于聚落。所见色，与盲等；所闻声，与响等；所嗅香，与风等；所食味，不分别。受诸触，如智证；知诸法，如幻相；无自性，无他性，本自不然，今则无灭。迦叶，若能不舍八邪[14]，入八解脱[15]，以邪相入正法，以一食施一切，供养诸佛，及众贤圣，然后可食。如是食者，非有烦恼，非离烦恼；非入定意，非起定意；非住世间，非住涅槃。其有施者，无大福，无小福；不为益，不为损；是为正入佛道，不依声闻。迦叶！若如是食，为不空食人之施也。'

"时我，世尊！闻说是语，得未曾有，即于一切菩萨，深起敬心，复作是念：斯有家名，辩才智慧乃能如是，其谁不发阿耨多罗三藐三菩提心！我从是来，不复劝人以声闻、辟支佛[16]行。是故不任诣彼问疾。"

注释

①**舍利弗**：佛陀的十大弟子之一，因聪慧出众，在佛弟子中被誉为"智慧第一"。

②**宴坐**：安心正坐之意，即坐禅。

③**印可**：即印证认可，指弟子修道成就时，其师对其道行、境界予以承认或肯定。

④**大目犍连**：又作目连，佛陀的十大弟子之一，有"神足第一"之誉。

⑤**戏论**：指那种言不及义的妄说或与真理相去甚远的言论。

⑥**毕竟空**：即以空破除诸法，乃至于不执着于一物。

⑦**法性**：与真如、实相等同义，指诸法之体性或本体。

⑧**如**：亦即真如，指诸法之体性或本体。

⑨**实际**：指超越一切差别的真如理体。

⑩**无相**：指一切诸法本性皆空，无实际之形相可得，谓之无相。

⑪**无作**：指心无造作、执着于物。

⑫**大迦叶**：佛陀的十大弟子之一，以苦行著称，在佛弟子中被誉为"苦行第一"。

⑬抟食：亦作团食，即把食物搓成团而食之。

⑭八邪：是与八正道正好相反的八种谬误，指邪见、邪思维、邪语、邪业、邪命、邪精进、邪念、邪定。

⑮八解脱：又作八背舍，指依靠八种禅观之力舍弃对各种色与无色的贪欲和执着：一是内有色想观外色解脱，二是内无色想观外色解脱，三是净解脱身作证具足住，四是空无边处解脱，五是识无边处解脱，六是无所有处解脱，七是非想非非想处解脱，八是灭尽定解脱。

⑯辟支佛：作缘觉、独觉，指那些观悟"十二因缘"之理而自觉得道者，属小乘。

译文

其时，维摩诘居士私下思忖：我今示病在身，慈悲心切的世尊难道会不派人来探视我吗？正当维摩诘出现这一念头时，佛陀即知其意，就对素有"智慧第一"之称的舍利弗说："你前去探视一下维摩诘居士吧。"

舍利弗一听这话，赶忙回答说："世尊，去探视维摩诘居士之事我恐怕不能胜任。为什么呢？记得过去曾有一次，当时我在树林里打坐，正好维摩诘居士路过那里，他便对我说：'喂，舍利弗！真正的坐禅不必像你这样，所谓禅坐，不必拘泥于形式上的静坐，甚至连打坐的念头也不应该有，这才是真正的禅坐；不必刻意追求静坐入定，真正的禅坐应该是心无挂碍、行住坐卧都在定境；禅坐也不必有别百姓日用，只要遵循佛法，运水搬柴都是禅坐；所谓禅坐，应该是内不着邪念、外不着境相，这才是真正的禅坐；在各种邪见干扰的情况下不动心起念而能专心致志于修行三十七道品，这才是真正的禅坐；不是企图断尽一切烦恼入于涅槃，而能了悟烦恼即是涅槃，这才是真正的禅坐。舍利弗，这样的禅坐才是佛陀所认可的。'世尊！我当时听了维摩诘居士的这些话后，目瞪口呆，哑然无对，我与维摩诘居士的境界确实相差太远了，所以，世尊，探视维摩诘居士的事，我恐怕不能胜任。"

佛听了舍利弗这番话后，转而对素有"神通第一"之称的目犍连说："目犍连，你去探视一下维摩诘居士吧。"

目犍连赶忙回答说："世尊，我恐怕也不能胜任去探视维摩诘居士。为什么呢？记得过去曾有一次，我来到毗耶离城，在一里巷内为一批白衣居士说法，当时维摩诘居士路过那里，他便对我说：'喂，目犍连！对这些白衣居士说法，不能像你刚才那样说，为什么呢？演说佛法，应当与佛法的真谛相符合，佛法的本质，是不着众生相，因为它远离一切众生颠倒妄想；佛法的本质，是不着自我之相，因为它远离一切对于自我的虚妄执着；佛法的本质也没有寿命之相，因为它远离一切生死烦恼；佛法的本质也没有与自我相对的人相，因为它不存在自我的相对和前后的相续可言；佛法的本质是恒常寂静的，因为它是没有生灭之相的；佛法的本质所以是远离一切生灭之相，因为它并非因缘所生；佛法也没有名字可称呼，因为它是远离一切语言文字的；佛法所以是不可言说的，因为它是不可以心量思虑观察的；佛法的本质是无形无相的，因为它情同虚空；佛法也不是可以随心所欲妄加评论的，因为它是毕竟空寂的；佛法也非我之所属、我之所有，因为它远离属于我的一切客观存在；佛法是不可妄加分别的，因为它远离一切心识别；佛法的本质也不可以相互比对，因为它是无所相比的；佛法的本质是远离一切因果的，因为它不是缘起法的范围；佛法的本质与法性是没有任何差别的，因为它遍及一切诸法；佛法只随应不生不灭的真如，此外它无所随应；佛法住于湛然常寂的真如实际，因为它是不生不灭的；佛法不为一切现象所动摇，因为不依着于现象界的色、声、香、味、触、法等六尘；佛法是无来无去的，因为它既遍于诸法而又不住于具体的现象；佛法顺应虚空，既无形相，亦无造作；既无好丑，亦无增减；无生无灭，无所归趣；它超越了眼耳鼻舌身意诸根的感觉范围，无有高下，常住不动，超越一切感观和行为的局限。目犍连，佛法之性相就是这样，又怎么能讲说呢？所以，所谓说法，实乃无说无示；其听法者，亦无所听闻和所得。如果一定要有所说的话，就应把它看成如幻术师对所变化出来的幻人讲说一样；同时，应该了知众生根机之利钝，善于阐发自己的真知灼见，无所滞碍，要以同体大悲之心，赞颂宣扬大乘法门，本着报答佛陀的感恩之心，弘扬佛教，使三宝永不断绝，然后才谈得上宣说佛法。'

"当维摩诘居士说完这些话时，在场的八百名居士顿时萌发了无上道心。我不具备这样的辩才和见识，所以探视维摩诘的事，我恐怕不能胜任。"

佛陀又对有"苦行第一"之称的大迦叶说："大迦叶，你去探视一下维摩诘居士吧。"

大迦叶赶忙回答说："世尊，此事恐怕我不能胜任。为什么呢？记得我过去常往贫苦百姓家行乞，当时维摩诘居士就对我说：'喂，大迦叶！行乞乃慈悲心的体现，但你却不能普施于众人，总是舍富就贫，这样做是很不妥当的。大迦叶，真正的佛法应该是平等一如的，所以行乞亦应该不分贫富贵贱、次第而乞。实际上，乞食并不是为了养活这身血肉之躯，而取抟食则是为了破坏和合之色身，接受布施是为了不受后有的生死之身；而入于村庄聚落更要作入无何有之乡的念头。不要以所见形色为实，它与盲人之一无所见并没有什么区别；所听到的种种声音，实际上都是一种空谷回音；也不要把所嗅到的种种香味与清风区别开来；对于所吃的食物也不要作甜酸苦辣等分别；对于身体五官所接触到的外在境物毫不动心。应知一切诸法都是一种假相幻影，都是既无自性，又无他性的，本来就不是一种真实的存在，因而也无所谓死灭。迦叶，如果不能摒弃八邪而入于八种解脱，从而以邪相入于正法；能以一食遍施一切众生、供养十方诸佛及众圣贤，若能做到这样，你就可以进食了。如果能够以这样的心境乞食、进食，就能够做到既无烦恼，又不离充满烦恼的世间；既无入定之念，又无出定之意；既不像众生住于生死轮回，又不像二乘众住于涅槃。至于那些供养你的施主，既不会因为其供养丰厚而得到大的福报，也不因其供养的薄寡而福报变小；不应因供养之多寡厚薄而产生福报有增益或减损的想法。大迦叶！若能如此，才是证入佛法的大乘道而非声闻道。大迦叶，如果能这样乞食、进食，才不会辜负众施主的布施。'

"世尊！维摩诘居士的这些话，我真是前所未闻，听后真是大开眼界，对大乘道及一切大乘菩萨随即产生深深的敬意，同时私下在想：维摩诘虽然是一位在家居士，但却有这般出众之智慧和无碍之辩才，谁人听了他的说教之后，会不速发无上道心呢？我从那个时候以后，就再也不劝人修习声闻、缘觉小乘道了。世尊，像我这样的境界，怎能胜任去探视维摩诘的重任呢？"

原典

佛告须菩提①："汝行诣维摩诘问疾。"

须菩提白佛言："世尊，我不堪任诣彼问疾。所以者何？忆念我昔，入其舍从乞食，时维摩诘取我钵，盛满饭，谓我言：'唯，须菩提！若能于食等者，诸法亦等；诸法等者，于食亦等。如是行乞，乃可取食。若须菩提不断淫怒痴，亦不与俱；不坏于身，而随一相；不灭痴爱，起于解脱；以五逆②相，而得解脱，亦不解不缚。不见四谛，非不见谛；非得果，非不得果；非凡夫，非离凡夫法；非圣人，非不圣人；虽成就一切法，而离诸法相，乃可取食。若须菩提不见佛，不闻法，彼外道六师③：富兰那迦叶、末伽梨拘赊梨子、删阇夜毗罗胝子、阿耆多翅舍钦婆罗、迦罗鸠驮迦旃延、尼犍陀若提子等，是汝之师，因其出家，彼师所堕，汝亦随堕，乃可取食。若须菩提入诸邪见，不到彼岸；住于八难，不得无难；同于烦恼，离清净法；汝得无诤三昧④，一切众生亦得是定；其施汝者，不名福田⑤；供养汝者，堕三恶道；为与众魔共一手，作诸劳侣；汝与众魔及诸尘劳⑥，等无有异；于一切众生而有怨心，谤诸佛，毁于法，不入众数，终不得灭度。汝若如是，乃可取食。'时我，世尊！闻此茫然，不识是何言，不知以何答，便置钵欲出其舍。维摩诘言：'唯，须菩提！取钵勿惧，于意云何？如来所作化人⑦，若以是事诘，宁有惧不？'我言：'不也。'维摩诘言：'一切诸法，如幻化相，汝今不应有所惧也。所以者何？一切言说，不离是相。至于智者，不着文字，故无所惧。何以故？文字性离。无有文字，是则解脱。解脱相者，则诸法也。'维摩诘说是法时，二百天子得法眼净⑧。故我不任诣彼问疾。"

佛告富楼那弥多罗尼子⑨："汝行诣维摩诘问疾。"

富楼那白佛言："世尊，我不堪任诣彼问疾。所以者何？忆念我昔，于大林中，在一树下，为诸新学比丘说法，时维摩诘来谓我言：'唯，富楼那！先当入定，观此人心，然后说法。无以秽食置于宝器，当知是比丘心之所念；无以琉璃同彼水精，汝不能知众生根源，无得发起以小乘⑩法。彼自无疮，勿伤之也！欲行大道，莫示小径！无以大海，内于牛迹，无以日光，等彼萤火。富楼那，此比丘久发大乘心，中忘此意，如何以小乘法而教导之？我观小乘，智慧微浅，犹如盲人，不能分别一切众生根之利钝。'时维摩诘即入三昧，令此比丘自识宿命；曾于五百佛所植众德本，回向阿耨多罗三藐三菩提，即时豁然，还得本心。于是诸比丘，稽首礼维摩诘足。时维摩诘因为说法，于阿耨多罗三藐三菩提不复退转。我念声闻不观人根，不应说法，是故不任诣彼问疾。"

佛告摩诃迦旃延⑪："汝行诣维摩诘问疾。"

迦旃延白佛言："世尊，我不堪任诣彼问疾。所以者何？忆念昔者，佛为诸比丘略说法要，我即于后敷演其义，谓无常义、苦义、空义、无我义、寂灭义。时维摩诘来谓我言：'唯，迦旃延！无以生灭心行，说实相法。迦旃延，诸法毕竟不生不灭，是无常义；五受阴⑫通达空无所起，是苦义；诸法究竟无所有，是空义；于我无我而不二，是无我义；法本不然，今则无灭，是寂灭义。'说是法时，彼诸比丘心得解脱，故我不任诣彼问疾。"

佛告阿那律⑬："汝行诣维摩诘问疾。"

阿那律白佛言："世尊！我不堪任诣彼问疾。所以者何？忆念我昔，于一处经行，时有梵王，名曰严净，与万梵俱，放净光明，来诣我所，稽首作礼问我言：'几何阿那律天眼⑭所见。'我即答言：'仁者，吾见此释迦牟尼佛土，三千大千世界，如观掌中庵没罗果。'时维摩诘来谓我言：'唯，阿那律！天眼所见，为作相耶？无作相耶？假使作相，则与外道五通⑮等；若无作相，即是无为⑯，不应有见。'世尊，我时默然，彼诸梵闻其言，得未曾有，即为作礼而问曰：'世孰有真天眼者？'维摩诘言：'有佛世尊，得真天眼，常在三昧，悉见诸佛国，不以二相。'于是严净梵王，及其眷属五百梵天，皆发阿耨多罗三藐三菩提心，礼维摩诘足已，忽然不现。故我不任诣彼问疾。"

佛告优波离[17]："汝行诣维摩诘问疾。"

优波离白佛言："世尊，我不堪任诣彼问疾。所以者何？忆念昔者，有二比丘犯律行，以为耻，不敢问佛，来问我言：'唯，优波离！我等犯律，诚以为耻，不敢问佛，愿解疑悔，得免斯咎。'我即为其如法解说。时维摩诘来谓我言：'唯，优波离！无重增此二比丘罪，当直除灭，勿扰其心。所以者何？彼罪性不在内，不在外，不在中间，如佛所说：心垢故众生垢，心净故众生净。心亦不在内，不在外，不在中间。如其心然，罪垢亦然，诸法亦然，不出于如。如优波离以心相得解脱时，宁有垢不？'我言：'不也。'维摩诘言：'一切众生心相无垢，亦复如是。唯，优波离！妄想是垢，无妄想是净；颠倒是垢，无颠倒是净；取我是垢，不取我是净。优波离，一切法生灭不住，如幻如电，诸法不相待，乃至一念不住，诸法皆妄见：如梦、如焰、如水中月、如镜中像，以妄想生。其知此者，是名奉律；其知此者，是名善解。'于是二比丘言：'上智哉，是优波离所不能及，持律之上而不能说。'我答言:'自舍如来,未有声闻及菩萨,能制其乐说之辩。其智慧明达为若此也。'时二比丘,疑悔即除,发阿耨多罗三藐三菩提心,作是愿言:'令一切众生,皆得是辩。'故我不任诣彼问疾。"

佛告罗睺罗[18]:"汝行诣维摩诘问疾。"

罗睺罗白佛言:"世尊,我不堪任诣彼问疾。所以者何?忆念昔时,毗耶离诸长者子,来诣我所,稽首作礼,问我言:'唯,罗睺罗,汝佛之子,舍转轮王[19]位,出家为道。其出家者,有何等利?'我即如法为说出家功德之利。时维摩诘来谓我言:'唯,罗睺罗!不应说出家功德之利。所以者何?无利无功德,是为出家。有为法[20]者,可说有利有功德;夫出家者,为无为法,无为法中,无利无功德。罗睺罗,夫出家者,无彼无此,亦无中间,离六十二见[21],处于涅槃,智者所受,圣所行处,降伏众魔,度五道[22]、净五眼[23]、得五力[24],立五根[25],不恼于彼,离众杂恶,摧诸外道;超越假名;出淤泥,无系着、无我所、无所受、无扰乱,内怀喜,护彼意,随禅定,离众过,若能如是,是真出家。'

"于是维摩诘语诸长者子:'汝等于正法中,宜共出家。所以者何?佛世难值。'诸长者子言:'居士,我闻佛言,父母不听,不得出家。'维摩诘言:'然。汝等便发阿耨多罗三藐三菩提心,是即出家,是即具足。'尔时，三十二长者子皆发阿耨多罗三藐三菩提心，故我不任诣彼问疾。"

佛告阿难㉖："汝行诣维摩诘问疾。"

阿难白佛言："世尊！我不堪任诣彼问疾。所以者何？忆念昔时，世尊身小有疾，当用牛乳，我即持钵，诣大婆罗门家门下立，时维摩诘来谓我言：'唯，阿难！何为晨朝持钵住此？'我言：'居士，世尊身小有疾，当用牛乳，故来至此。'维摩诘言：'止，止，阿难！莫作是语。如来身者，金刚之体，诸恶已断，众善普会，当有何疾？当有何恼？默往，阿难！勿谤如来，莫使异人闻此粗言，无令大威德诸天及他方净土诸来菩萨得闻斯语。阿难，转轮圣王，以少福故，尚得无病，岂况如来无量福会普胜者哉！行矣，阿难！勿使我等受斯耻也。外道、梵志㉗若闻此语，当作是念：何名为师？自疾不能救，而能救诸疾人？可密速去，勿使人闻。当知，阿难！诸如来身，即是法身，非思欲身㉘。佛为世尊，过于三界；佛身无漏㉙，诸漏已尽；佛身无为，不堕诸数㉚。如此之身，当有何疾？'时我，世尊！实怀惭愧，得无近佛而谬听耶？即闻空中声曰：'阿难，如居士言，但为佛出五浊恶世㉛，现行斯法，度脱众生。行矣，阿难！取乳勿惭。'世尊，维摩诘智慧、辩才为若此也，是故不任诣彼问疾。"

如是五百大弟子，各各向佛说其本缘，称述维摩诘所言，皆曰不任诣彼问疾。

注释

①**须菩提**：佛陀十大弟子之一，善解般若空理，故有"解空第一"之誉。

②**五逆**：五种极逆于理之重罪，又作五无间业，一般指杀父、杀母、杀阿罗汉（杀已证阿罗汉果之圣者）、出佛身血（指毁坏佛像等）、破和合僧（指破坏僧团）。

③**外道六师**：亦称"六师外道"，指佛陀时代中印度势力较大的六个反对婆罗门正统思想的派别及其代表人物，即倡怀疑论之删阇夜毗罗胝子，主张无因无缘论的富兰那迦叶，否认善恶果报的末伽梨拘赊梨子，主张人由四大构成、具有唯物论倾向的阿耆多翅舍钦婆罗，主张无因论的感觉论者迦罗鸠驮迦旃延，主张罪福皆由前生决定、被认为是耆那教始祖的尼犍陀若提子。

④**无诤三昧**：既解空理，物我俱忘，达到与世无争境界的禅定。

⑤**福田**：指能生福德之善举，此如农人耕田，日后必有收获，故名。

⑥**尘劳**：烦恼之异名。尘指污染，劳谓恼累，即能恼乱身心之烦恼。

⑦**化人**：指由佛之神通变化显现之人。

⑧**法眼净**：又作"净法眼"，即能了了洞见真理之眼，此处指二百天子所得的一种智慧境界。

⑨**富楼那弥多罗尼子**：佛陀十大弟子之一，擅长义理，善于说法，故有"说法第一"之誉。

⑩**小乘**：相对于大乘而言，大、小乘的最主要区别是：大乘倡慈悲普度，小乘重自我解脱；大乘以成佛为最终目标，小乘追求阿罗汉果、辟支佛果。

⑪**迦旃延**：佛陀十大弟子之一，擅长论议，称"论议第一"。

⑫**五受阴**：亦作"五蕴"，指色、受、想、行、识五蕴，佛教认为一切众生的身体都是由五蕴和合而成的。

⑬**阿那律**：佛陀十大弟子之一，因曾在佛说法时睡觉，受佛呵斥，遂立誓不眠，而致眼睛失明，后精进修行，心眼渐开，能见天上地下六道众生，故有"天眼第一"之誉。

⑭**天眼**：五眼之一，为色界天人因修禅定而得能知远近粗细一切诸色之眼。

⑮**外道五通**：古印度外道常有修有漏禅定而得到的五种神通，即神足通、天眼通、天耳通、他心通、宿命通。

⑯**无为**：即非由因缘所造作、离生灭、无来去之法。

⑰**优波离**：佛陀十大弟子之一，精于戒律，修持严谨，故有"持律第一"之誉。

⑱**罗睺罗**：佛陀之子，亦是佛之十大弟子之一，素称"密行第一"。

⑲**转轮王**：亦作"转轮圣王"，意为转轮宝以伏四方。据说佛陀若不出家，当做金轮王，统四天下，罗睺罗若不出家，当做铁轮王，统一天下。

⑳**有为法**：相对于无为法言，指那种有生灭变异之现象。

㉑**六十二见**：指古印度外道所持的六十二种见解。

㉒**五道**：指地狱道、饿鬼道、畜生道、人道、天道。

㉓**五眼**：指肉眼（肉身所具之眼）、天眼（天人修禅定所得之眼）、慧眼（二乘人能洞见真空无相之眼）、法眼（菩萨所具能洞见一切法门之眼）、佛眼（具佛之一切种智，能洞察一切，无所不见之眼）。

㉔**五力**：指五种能维持修行、达到解脱之力，即信力、精进力、念力、定力、慧力。

㉕**五根**：指信根、精进根、念根、定根、慧根。

㉖**阿难**：佛陀十大弟子之一，是佛陀的堂弟，因多闻善记，故有"多闻第一"之誉。

㉗**梵志**：古印度习梵天之法，志求生梵天之婆罗门。

㉘**思欲身**：三界中有形之身。

㉙**无漏**："漏"即烦恼，"无漏"乃离烦恼得清净之意。

㉚**数**：指有分别、有限量之世界。

㉛**五浊恶世**：指人类寿命逐渐减少之时代所起的五种浑浊，即劫浊、见浊、烦恼浊、众生浊、命浊。

译文

佛又对有"解空第一"之称的须菩提说："须菩提，你去探视一下维摩诘居士吧。"

须菩提随即回答道："世尊，此事恐怕我也不能胜任。为什么呢？记得过去曾有一次，我至维摩诘家去乞食，当时维摩诘接过我的钵并盛满饭后，对我说：'喂，须菩提！如果你能以平等之心进行乞食，那么，对一切诸法就不会产生分别想；反之，如果你能以平等之心看待一切诸法，那么你在乞食中也肯定能做到一视同仁。须菩提，如果你能如此行乞，就可以心无愧疚地从我手中取食。须菩提，如果能够不断淫欲、嗔怒和愚痴，同时又不会为这些烦恼所缠缚，如果能够既看到自身的存在而又体悟到诸法乃是平等一相，如果能够在不全然消灭愚痴爱欲的同时而获得解脱，甚至能够以五逆重罪之身而获得解脱，同时也没有罪孽和解脱的念头；既没有对苦集灭道的刻意追求，同时又对四圣谛有真切的证悟；既不刻意去追求道果，但又能够证道得果；既不刻意追求离凡脱俗，又不混同一般的凡夫俗子；既非刻意追求成圣成佛，又能够达到贤圣的境界；既能成就一切诸法，又能不于诸法取相着念。须菩提，如果能够达到这样的境界，就可以从我手中取食。须菩提，如果你不曾遇到佛，亦不曾听闻佛法，而是跟从六师外道——富兰那迦叶、末迦梨拘赊梨子、删阇夜毗罗胝子、阿耆多翅舍钦婆罗、迦罗鸠驮迦旃延、尼犍陀菩提子出家，拜他们为师，那么，当他们堕入地狱时，你亦跟从他们堕入地狱，这样，你就可以从我手中取食了。须菩提，如果你能舍弃小乘众的断除烦恼方能获得解脱、了脱生死方能证入涅槃的偏见，不是执着于追求彼岸，而能入诸邪见而取正见；住于八难而得无难，不离烦恼而得解脱；你得无诤三昧，一切众生亦得此种无诤之定；对于那些向你布施的人，不作种福田想；甚至于有些供养你的人因其有福报之贪求而可能堕入三恶道中，不要以为亲近佛道则远诸魔障，应该知道佛之与魔，一如无二，你与众魔乃至诸烦恼尘劳，也没有什么根本的差别；对众生心存怨心，这就是谤佛、毁法，因为佛与众生没有什么根本的差别，佛法乃在众生中求，若不入于众生，亲近教化，多所饶益，最终将无法求取灭度。须菩提，如果你能达到这样视诸法皆如如平等的境界，那你就可以从我手中取食了。'世尊，当我听了维摩诘居士的这些话后，真是目瞪口呆、茫然不知所措，不知道应该怎样回答他，便想收起钵离开维摩诘居士的家，当时维摩诘居士又对我说：'喂，须菩提！赶快接住钵子，不用恐惧，你心里是怎么想的呢？如果是如来神力所创造出来的化人，对于这样的诘问，难道会感到恐惧吗？'我说：'当然不会。'维摩诘居士又说：'一切诸法，都是幻化之假相，你根本用不着恐惧。为什么这么说呢？一切言说，都只是假名，有智慧的人，是不会执着于言说文字的，所以不必为我刚才的那些说法而感到恐惧。应该知道，一切语言文字既无自性，实则空性，了悟一切诸法乃至语言文字实乃空无自性，这就获得了解脱了。此解脱相，也就是我所说的诸法实相。'当维摩诘说完这些话时，二百位天人同时获得清净无碍的法眼。世尊，因我的境界离维摩诘居士着实太远了，所以我不堪担负探视维摩诘居士的重任。"

听完须菩提的话后，佛便对有"说法第一"之称的富楼那弥多罗尼子说："富楼那，你去探视一下维摩诘居士。"

富楼那赶忙回答道："世尊，此事我恐怕不能胜任。为什么呢？记得过去有一次，我在森林中的一棵大树底下为一群刚出家不久的比丘讲说佛教义理，当时维摩诘居士正好从那里经过，他便走过来对我说：'喂，富楼那！你应该先入定，观察一下这些人的根机，然后再说法。千万不要把那种不干不净的食物放进名贵的宝器之中，你应该先了解这些比丘心中所想所要的是什么；千万不要把琉璃宝与水晶球混为一谈，你既然不了解这些比丘的根机智慧，就不要向他们宣说那种小乘法。他们的身心本来是健全的，不要反而给他们添加创伤；他们都是一些大乘根器，不要向他们灌输那种小乘法；不要企图把大海水装进牛蹄印中，更不要把日光等同于萤火。富楼那，这些比丘在很早以前就都已萌发大乘道心，只是由于某种因缘，暂时忘了罢了，你怎能用小乘法去教导他们呢？依我看，小乘法智慧浅薄，有如盲人，不善于分别芸芸众生根机之利钝。'当维摩诘居士说完这些话后，就迅速入定，借助其神通力令这些比丘回忆起各自于过去世之种种因缘际遇，原来他们都曾在过去五百佛住世时广积善德，并将这些功德回向成就无上道心。众比丘经维摩诘居士如此一点拨，顿时豁然开朗，又恢复了本有的无上道心，众比丘都无量欢欣，向维摩诘居士顶礼、致敬，维摩诘居士又向众比丘宣讲了大乘法要，因此之故，众比丘都获得永不退转之无上正等正觉。世尊，像我们这等小乘众，不懂得众生根机智慧之优劣利钝，看来是不应该再妄加说法了，所以，探视维摩诘居士的事，恐怕我是不能胜任的。"

佛又对有"论议第一"之称的摩诃迦旃延说："迦旃延，你去探视一下维摩诘居士。"

迦旃延也赶忙回答说："世尊，此事我恐怕也不能胜任。为什么呢？记得过去有一次，当佛为众比丘说过佛法大要后，我随即对这些佛法大要进行了一些阐释，其中谈到了'无常''苦''空''无我''寂灭'等义，当时，维摩诘居士也正好在场，他听了我的阐释之后，就对我说：'喂，迦旃延！你可不能以生灭义去谈实相法。迦旃延，一切诸法不生不灭，这才是无常的真实义；洞达五蕴原本是空从无所起，这才是苦之真实义；一切诸法毕竟无所有，这才是空的真实义；我与无我一而不二，这才是无我之真实义；诸法本来没有生起，现也无所谓散灭，这才是寂灭之真实义。'经维摩诘居士这么一点拨后，在座的诸比丘顿时茅塞顿开，获得了解脱，我与维摩诘居士的境界实在相去太远，去探视他的事我恐怕不能胜任。"

佛又对有"天眼第一"之称的阿那律说："阿那律，你去探视一下维摩诘居士吧。"

阿那律也赶忙回答道："世尊，探视维摩诘居士之事，我恐怕也不能胜任。为什么呢？记得过去有一次我正在一个道场附近行经时，有一位名叫严净的梵天王，与数以千计的天众一起来到我面前，他们都身放光芒，并向我稽首问道：'阿那律尊者，你的天眼能看得多远呢？'我随即回答道：'诸位长者，我观此释迦牟尼佛住世的国土及三千大千世界，如同观看手中之庵没罗果一般分明、清晰。'维摩诘居士听了我这话后，即对我说：'喂，阿那律！天眼所能见到的，究竟是有生灭造作之景象呢？还是无生灭造作之景象？如果是有生灭造作之景象，那与外道五通中之天眼通就没有什么区别了；如果是无生灭造作之景象，那就是无为法，而既然是无为法，那就是不可能被看见的了。'世尊，我听维摩诘的这些话后，顿时语塞，不知道该如何回答，而在座的梵天及诸天众听了维摩诘居士这些话后，都觉得大开了眼界，随即向维摩诘作礼并问他：'世上可有得真天眼者？'维摩诘居士即说：'释迦牟尼佛就是得真天眼者，他常在定中，却能洞察十方世界、诸佛国土，而他所见者，是离却有无、生灭的。'受维摩诘这些话的启发，当时严净梵天王及其眷属五百天众，都萌发了无上道心，在向维摩诘居士恭敬顶礼后，就忽然消失了。想来我与维摩诘居士的境界相差太远了，故去探视他老人家的事我恐怕不能胜任。"

佛又对有"持戒第一"之称的优波离说："优波离，你去探视一下维摩诘居士吧。"

优波离赶忙回答道："世尊，此事恐怕我也不能胜任。为什么呢？记得过去曾有一次，有两个比丘犯了戒律，他们自感羞耻，不敢去问佛陀应该怎样悔过消罪，便来问我，对我说：'优波离尊者，我俩犯了戒律，自感十分羞愧，不敢去向佛陀请教应该怎样悔过消罪，你能告诉我们应该怎么做吗？'我随即按佛教经律有关规定向他俩说了应该怎样悔过消罪。当时维摩诘居士正好在场，他听了我的解说后，就对我说：'喂，优波离！不要再给这两位比丘增添罪过了，应该直接消除他们的罪恶感，而不要再去扰乱他们的心。为什么这么说呢？他们所犯罪过的本质既不在心内，也不在心外，同时也不在中间，这有如佛陀所说的，心中有垢染了，众生才有罪垢；心中清净了，众生也就清净无垢了。心的本质同样既不在内，也不在外，同时又不在内外之间，罪的本质与心的本质是一样的，是既非内亦非外，同时不在内外之间，不但罪的本质与心的本质是这样，一切诸法的本质也都是这样，都无非是真如的体现。就拿你优波离来说吧，如果你的内心清净无垢了，那你还会有垢染吗？'我赶忙回答说：'不会再有垢染了。'维摩诘居士接着便说：'一切众生心净与罪净的关系也是这样。优波离，你应该懂得，妄想是污垢，无妄想是清净；颠倒是污垢，无颠倒是清净；执着于我相是污垢，不执着于我相是清净。优波离，一切诸法生生不息、念念不住，如同幻影、闪电，如同梦境，如同焰阳，如同水中月、镜中像，都是人们虚妄分别的产物。能够懂得这个道理，就是最好的奉戒持律；能够说清楚这个道理，就是最善于解释佛教戒律。'那两位比丘听了维摩诘居士的这番话后，都异口同声地说：'长者是上智慧啊，优波离实在是比不上，他持律虽是无懈可击的，但却说不出这种高深的道理。'我随即回答说：'除了如来佛之外，没有哪一个声闻众或大乘菩萨，能够与维摩诘居士的无碍辩才相抗衡，其智慧辩才已达到出神入化之境界了。'听了维摩诘居士的话后，那两个比丘随即如释重负，并迅即萌发了无上道心。他俩还立下誓愿：'愿一切众生都能得维摩诘居士那般的无碍辩才。'世尊，想来我与维摩诘居士的境界相去太远了，所以去探视他老人家的事，恐怕我是不能胜任的。"

佛又对有"密行第一"之称的罗睺罗说："罗睺罗，你去探视一下维摩诘居士吧。"

罗睺罗赶忙回答道："世尊，此事恐怕我也不能胜任。为什么呢？记得过去有一次，毗耶离城的许多长者子来到我住的地方，向我作礼道：'罗睺罗，你是佛陀的儿子，放弃了转轮圣王之王位，出家修道，请问，出家修道究竟有什么好处呢？'我即依佛法为他们做解释，说了出家修道的许多功德利益，维摩诘居士听了我说的那些话后，便对我说：'喂，罗睺罗！不应该说出家修道的功德利益。为什么呢？不求功德利益，这才是出家的本意。举凡有为法，即有功德利益可言，而出家即是无为法，无为法无所谓功德利益。罗睺罗，举凡出家者，即远离六十二邪见，既不贪图此境，亦不贪图彼岸，又不滞留于彼此之间，顺其自然地进入涅槃境界，这即是一切智者所受持和奉行的出家之道。这种出家人，能够降伏众魔，超度五道众生，得清净五眼（肉眼、天眼、慧眼、法眼、佛眼），获信、精进、念、定、慧五力并树立与此五力相应之五根，不为世间的烦恼所缠缚，远离一切恶念恶行，能够摧毁一切外道邪说，超越一切假名，出污泥而不染，不系着一切境相，放弃了对一切主客观的执着，心境自然平静，不为外界所扰乱，内心怀着无限欢喜，恒顺众生，随缘任运，远离一切过失，行住坐卧皆在定中，若能做到这样，才是真正的出家。'

"随后，维摩诘居士对诸长者子说：'你等正值佛住世的正法时期，应该一起出家修道。为什么呢？佛世难值，机不可失。'众长者子趁机问维摩诘居士：'佛陀曾经教导过大家，如果未经父母同意，不得出家，这话应该如何理解？'维摩诘居士回答道：'确实是这样，但是并非离家修道才叫作出家，如果能发无上道心，也就是出家，具足出家律行。'当时，三十二位长者子皆萌发了无上道心。世尊，想来我与维摩诘居士的境界相差确实太远了，所以探视他老人家的事，我恐怕不能胜任。"

佛又对有"多闻第一"之称的阿难说："阿难，你去探视一下维摩诘居士吧。"

阿难赶忙回答道："世尊，此事恐怕我也不能胜任。为什么呢？记得过去有一次，世尊身患小疾，必须饮用牛乳，我即拿着钵到一个婆罗门家门口去化缘，当时维摩诘居士正好路过那里，他便问我：'喂，阿难！为什么一大早就拿着钵站在这里？'我回答道：'居士，世尊身有小疾，须饮用牛乳，故我一大早就来此化缘。'维摩诘居士听了这话以后，立即说道：'阿难，快别这么说，世尊如来乃是金刚不坏之身，诸恶断尽，众善普会，哪来的疾病和烦恼呢？赶快闭上你的嘴回去，阿难，不要毁谤如来，不要让其他人听到你刚才说的那种话，不要让具大威德之诸天及他方净土来的众菩萨听到这种话。阿难，转轮圣王与世尊如来比，其威德要少得多，他们尚且不会患病，何况如来身具无量福德，超过一切贤圣！赶快回去，阿难，不要让我们蒙受这种耻辱。如果这种话让外道梵志们听到了，他们一定会想：这算什么世间导师呀？自己有病尚且不能自救，又怎能去普度众生呢？赶快悄悄地回去，不要让人知道这件事。应该知道，诸如来身，即是法身，并非凡俗之思欲身。释迦牟尼佛身为世尊，超过三界中一切天人贤圣，其身早已没有一切烦恼病患。佛陀之身，乃是无为之法，不会堕入生死道中，这样的身体，还会有什么疾病呢？'世尊！我听了维摩诘居士的这些话后，真感到无地自容，难道是我平时随侍佛陀时听错了话吗？其时，突然听到空中响起一个声音，说：'阿难，维摩诘居士说得对，只是因为佛陀现身于五浊恶世中，为了方便救度众生，才随缘示疾的，你尽可取乳回去，不必自感惭愧。'世尊，维摩诘居士之智慧、辩才如此之高深，我与他相比真有天壤之别，所以，去探视他老人家的事，我恐怕不能胜任。"

当时在座的五百大弟子，都先后向佛陀叙说了自己过去的一些经历，十分赞叹维摩诘居士的智慧和辩才，都说了自己不堪胜任去探视他老人家之原因。

菩萨品第四

于是佛告弥勒①菩萨："汝行诣维摩诘问疾。"

弥勒白佛言："世尊，我不堪任诣彼问疾。所以者何？忆念我昔，为兜率天②王及其眷属说不退转地之行，时维摩诘来谓我言：'弥勒，世尊授仁者记，一生当得阿耨多罗三藐三菩提。为用何生得受记③乎？过去耶？未来耶？现在耶？若过去生，过去生已灭；若未来生，未来生未至；若现在生，现在生无住。如佛所说：比丘，汝今即时，亦生、亦老、亦灭。若以无生得受记者，无生即是正位，于正位中，亦无受记，亦无得阿耨多罗三藐三菩提。云何弥勒受一生记乎？为从如生得受记耶？为从如灭得受记耶？若以如生得受记者，如无有生；若以如灭得受记者，如无有灭。一切众生皆如也，一切法亦如也，众圣贤亦如也，至于弥勒亦如也。若弥勒得受记者，一切众生亦应受记。所以者何？夫如者，不二不异。若弥勒得阿耨多罗三藐三菩提者，一切众生皆亦应得。所以者何？一切众生，即菩提相。若弥勒得灭度者，一切众生亦当灭度。所以者何？诸佛知一切众生毕竟寂灭，即涅槃相，不复更灭。是故，弥勒无以此法诱诸天子，实无发阿耨多罗三藐三菩提心者，亦无退者。弥勒！当令此诸天子④，舍于分别菩提之见。所以者何？菩提者，不可以身得，不可以心得，寂灭是菩提⑤，灭诸相故；不观是菩提，离诸缘故；不行是菩提，无忆念故；断是菩提，舍诸见故；离是菩提，离诸妄想故；障是菩提，障诸愿故；不入是菩提，无贪着故；顺是菩提，顺于如故；住是菩提，住法性故；至是菩提，至实际故；不二是菩提，离意法故；等是菩提，等虚空故；无为是菩提，无生住灭故；知是菩提，了众生心行故；不会是菩提，诸入不会故；不合是菩提，离烦恼习故；无处是菩提，无形色故；假名是菩提，名字空故；如化是菩提，无取舍故；无乱是菩提，常自静故；善寂是菩提，性清净故；无取是菩提，离攀缘故；无异是菩提，诸法等故；无比是菩提，无可喻故；微妙是菩提，诸法难知故。'世尊！维摩诘说是法时，二百天子得无生法忍，故我不任诣彼问疾。"

佛告光严童子："汝行诣维摩诘问疾。"

光严白佛言："世尊！我不堪任诣彼问疾。所以者何？忆念我昔，出毗耶离大城，时维摩诘方入城，我即为作礼而问言：'居士，从何所来？'答我言：'吾从道场⑥来。'我问：'道场者何所是？'答曰：'直心是道场，无虚假故；发行是道场，能办事故；深心是道场，增益功德故；菩提心是道场，无错谬故；布施是道场，不望报故；持戒是道场，得愿具故；忍辱是道场，于诸众生心无碍故；精进是道场，不懈怠故；禅定是道场，心调柔故；智慧是道场，现见诸法故；慈是道场，等众生故；悲是道场，忍疲苦故；喜是道场，悦乐法故；舍是道场，憎爱断故；神通是道场，成就六通⑦故；解脱是道场，能背舍⑧故；方便是道场，教化众生故；四摄⑨是道场，摄众生故；多闻是道场，如闻行故；伏心是道场，正观诸法故；三十七品是道场，舍有为法故；四谛⑩是道场，不诳世间故；缘起⑪是道场，无明乃至老死⑫皆无尽故；诸烦恼是道场，知如实故；众生是道场，知无我故；一切法是道场，知诸法空故；降魔是道场，不倾动故；三界是道场，无所趣故；师子吼是道场，无所畏故；力、无畏、不共法是道场，无诸过故；三明是道场，无余碍故；一念知一切法是道场，成就一切智故。如是，善男子，菩萨若应诸波罗蜜教化众生，诸有所作，举足下足，当知皆从道场来，住于佛法矣！'说是法时，五百天人皆发阿耨多罗三藐三菩提心，故我不任诣彼问疾。"

佛告持世菩萨："汝行诣维摩诘问疾。"

持世白佛言："世尊！我不堪任诣彼问疾。所以者何？忆念我昔，住于静室，时魔波旬^⑬，从万二千天女^⑭，状如帝释^⑮，鼓乐弦歌，来诣我所。与其眷属，稽首我足，合掌恭敬于一面立。我意谓是帝释，而语之言：'善来，憍尸迦^⑯！虽福应有，不当自恣，当观五欲^⑰无常，以求善本，于身命财而修坚法。'即语我言：'正士^⑱，受是万二千天女，可备扫洒。'我言：'憍尸迦，无以此非法之物要我沙门释子^⑲，此非我宜。'所言未讫，时维摩诘来谓我言：'非帝释也，是为魔来，娆固汝耳。'即语魔言：'是诸女等，可以与我，如我应受。'魔即惊惧，念：维摩诘，将无恼我？欲隐形去，而不能隐，尽其神力，亦不得去。即闻空中声曰：'波旬，以女与之，乃可得去。'魔以畏故，俛仰^⑳而与。尔时，维摩诘语诸女言：'魔以汝等与我，今汝皆当发阿耨多罗三藐三菩提心。'即随所应而为说法，令发道意^㉑。复言：'汝等已发道意，有法乐^㉒可以自娱，不应复乐五欲乐^㉓也。'天女即问：'何为法乐？'答言：'乐常信佛，乐欲听法，乐供养众，乐离五欲，乐观五阴如怨贼，乐观四大如毒蛇，乐观内入如空聚；乐随护道意，乐饶益众生；乐敬养师，乐广行施，乐坚持戒，乐忍辱、柔和，乐勤集善根；乐禅定不乱，乐离垢明慧，乐广菩提心，乐降伏众魔，乐断诸烦恼，乐净佛国土，乐成就相好故，修诸功德，乐庄严道场，乐闻深法不畏，乐三脱门㉔，不乐非时，乐近同学㉕，乐于非同学中，心无恚碍，乐将护恶知识㉖，乐亲近善知识，乐心喜清净，乐修无量道品之法，是为菩萨法乐。'于是波旬告诸女言：'我欲与汝，俱还天宫。'诸女言：'以我等与此居士，有法乐，我等甚乐，不复乐五欲乐也。'魔言：'居士，可舍此女？一切所有施于彼者，是为菩萨。'维摩诘言：'我已舍矣，汝便将去，令一切众生，得法愿具足。'

"于是诸女问维摩诘：'我等云何，止于魔宫？'维摩诘言：'诸姊，有法门名无尽灯㉗，汝等当学。无尽灯者，譬如一灯，然百千灯，冥者皆明，明终不尽，如是诸姊。夫一菩萨开导百千众生，令发阿耨多罗三藐三菩提心，于其道意，亦不灭尽；随所说法，而自增益一切善法，是名无尽灯也。汝等虽住魔宫，以是无尽灯，令无数天子天女发阿耨多罗三藐三菩提心者，为报佛恩，亦大饶益一切众生。'尔时，天女头面礼维摩诘足，随魔还宫，忽然不现。世尊，维摩诘有如是自在神力、智慧、辩才，故我不任诣彼问疾。"

佛告长者子善德："汝行诣维摩诘问疾。"

善德白佛言："世尊，我不堪任诣彼问疾。所以者何？忆念我昔，自于父舍设大施会㉘，供养一切沙门、婆罗门及诸外道、贫穷下贱、孤独乞人，期满七日，时维摩诘来入会中，谓我言：'长者子，夫大施会不当如汝所设，当为法施㉙之会，何用是财施会为？'我言：'居士，何谓法施之会？''法施会者，无前无后，一时供养一切众生，是名法施之会。'曰：'何谓也？''谓以菩提，起于慈心；以救众生，起大悲心；以持正法，起于喜心；以摄智慧，行于舍心；以摄悭贪，起檀波罗蜜㉚；以化犯戒，起尸罗波罗蜜㉛；以无我法，起羼提波罗蜜㉜；以离身心相，起毗梨耶波罗蜜㉝；以菩提相，起禅波罗蜜㉞；以一切智，起般若波罗蜜㉟。教化众生，而起于空；不舍有为法，而起无相；示现受生，而起无作；护持正法，起方便力；以度众生，起四摄法；以敬事一切，起除慢法；于身命财，起三坚法㊱，于六念㊲中，起思念法；于六和敬㊳，起质直心㊴；正行善法，起于净命㊵；心净欢喜，起近贤圣；不憎恶人，起调伏心㊶；以出家法，起于深心；以如说行，起于多闻；以无诤法，起空闲处；趣向佛慧，起于宴坐；解众生缚，起修行地；以具相好及净佛土，起福德业㊷；知一切众生心念，如应说法起于智业㊸；知一切法，不取不舍，入一相门，起于慧业㊹；断一切烦恼，一切障碍，一切不善法，起一切善业；以得一切智慧^⑤、一切善法，起于一切助佛道法。如是善男子，是为法施之会。若菩萨住是法施会者，为大施主，亦为一切世间福田。'

"世尊，维摩诘说是法时，婆罗门众中二百人，皆发阿耨多罗三藐三菩提心。我时心得清净，叹未曾有，稽首礼维摩诘足，即解璎珞，价值百千而以上之。不肯取。我言：'居士，愿必纳受，随意所与。'维摩诘乃受璎珞，分作二分，持一分，施此会中一最下乞人；持一分，奉彼难胜如来。一切众会，皆见光明国土难胜如来。又见珠璎在彼佛上，变成四柱宝台，四面严饰，不相障蔽。时维摩诘现神变已，又作是言：'若施主等心施一最下乞人，犹如如来福田之相，无所分别，等于大悲，不求果报，是则名曰具足法施。'城中一最下乞人，见是神力，闻其所说，皆发阿耨多罗三藐三菩提心。故我不任诣彼问疾。"

如是诸菩萨各各向佛说其本缘称述维摩诘所言，皆曰不任诣彼问疾。

注释

①弥勒：据载，弥勒生于古印度一婆罗门家，后为

佛弟子，先佛入灭，住于兜率天，当其寿四千岁（相当于人间五十七亿六千万年）时，将下生此世界，成佛于龙华树下，故亦称"未来佛"。

②**兜率天**：为欲界六天之第四天，乃弥勒菩萨居处。修兜率净土者，日后便能往生兜率天。

③**受记**：指未来证果或成佛之预言、记别。

④**天子**：指诸天之天人。

⑤**菩提**：意为觉悟，指真正的觉悟当悟得生死、涅槃无别而同相，如果卑生死而尊菩提，则是生分别见而非真觉悟。

⑥**道场**：原指释迦牟尼佛成道之处，后泛指修习佛法的场所。

⑦**六通**：即六神通：天眼通、天耳通、宿命通、神足通、他心通、漏尽通。

⑧**背舍**：意谓舍去贪着与烦恼，亦即解脱。

⑨**四摄**：亦称四摄法，即布施摄、爱语摄、利行摄、同事摄。

⑩**四谛**：真理义。小乘佛教讲四谛，即苦、集、灭、道；大乘佛教重诸法实相，认为真如实相不二不异，故称一谛一如。

⑪**缘起**：缘即条件，起即生起，佛教认为一切有为法都是因一定的条件而生起、变化和散灭的。

⑫**无明乃至老死**：即"十二因缘"，佛教认为众生都是一个不断流转的过程，其间有十二个环节，即无明、行、识、名色、六处、触、受、爱、取、有、生、老死。

⑬**魔波旬**：亦作波旬，波旬是恶魔之名字，指魔王。魔意译为杀者、夺命者、障碍。

⑭**天女**：指欲界天之女众。

⑮**帝释**：即帝释天主，忉利天之主神。

⑯**忄尸迦**：帝释天之姓氏。

⑰**五欲**：指对色、声、香、味、触五境之贪着、欲求。

⑱**正士**：指追求、弘扬正法之大士，如菩萨。

⑲**释子**：指佛门弟子。

⑳**俛仰**："俛"为低头义，"仰"即昂首，"俛仰"表示恭敬。

㉑**道意**：追求正道之意愿。

㉒**法乐**：指修持正法及行善积德所得之乐。

㉓**五欲乐**：指世欲之从色、声、香、味、触五境中所得之乐。

㉔**三脱门**：亦作三解脱门，即三种解脱生死、证入涅槃之法门，即空解脱门、无相解脱门、无愿解脱门。

㉕**同学**：指一起修习佛法的道友。

㉖**恶知识**："知识"为朋友之异称，"恶知识"即坏朋

友的意思。

㉗**无尽灯**：灯喻佛法，师师相传，灯灯相续，永不断绝。

㉘**大施会**：一种不分对象、广行布施的大会。

㉙**法施**：布施分三种：一是财施（施舍钱财、物品），二是无畏施（使人离开种种恐怖，以慈心等给人以欢乐），三是法施（传授、弘扬佛法）。

㉚**檀波罗蜜**：六度之一，即布施度。有财施、法施、无畏施三种，能对治悭贪，消除贫穷。

㉛**尸罗波罗蜜**：六度之一，即持戒度。指持守戒律，并常自省，能对治恶业，使身心清凉。

㉜**羼提波罗蜜**：六度之一，即忍辱度。忍耐迫害，能对治嗔恚，使心安住。

㉝**毗梨耶波罗蜜**：六度之一，即精进度。实践其他五德目时，上进不懈，不屈不挠，能对治懈怠，生长善法。

㉞**禅波罗蜜**：六度之一，即禅定度。修习禅定，能对治乱意，使心安定。

㉟**般若波罗蜜**：六度之一，即智慧度。能对治愚痴，开真实之智慧，即可把握生命的真谛。

㊱**三坚法**：指忘身舍财而修道，以得无极之身、无穷之命、无尽之财。

㊲**六念**：即念佛、念法、念僧、念戒、念施、念天。若能常持此六念，即能使人具足善的功德。

㊳**六和敬**：僧伽本身具有和合之义。所谓"六和敬"即是僧伽团体处理人际关系的六条基本准则：一是身和同住，二是口和无诤，三是意和同事，四是戒和同修，五是见和同解，六是利和同均。

㊴**质直心**：质即朴实，直即正直，亦即正直诚实之心。

㊵**净命**：依法乞食以自活。

㊶**调伏心**：此处指以教化令恶人弃恶、从善之心。

㊷**福德业**：指能生福德之善行，如六度中之布施、忍辱、持戒三度。

㊸**智业**：依假谛而分别诸法谓之智，根据众生的不同根机而随机说法谓之智业。

㊹**慧业**：依般若智慧了知诸法平等一如，依此而行谓之慧业。

㊺**一切智慧**：即既知空又知假，且一切诸法都是空与假统一的一切种智。

译文

于是，佛便对弥勒菩萨说："弥勒，你去探视一下维摩诘居士吧。"

弥勒菩萨回禀佛陀说："世尊，此事我恐怕也不能胜任。为什么呢？记得过去我在兜率天宫为兜率天王及其眷属说修习到得不退转法时，维摩诘居士对我说：'弥勒，佛世尊曾为你授记，说你再过一生即可得无上正等正觉，不知你所受记的是哪一生？是过去生？未来生？还是现在生呢？如果是过去生，过去生已过去了；若未来生，未来生还未到；如果是现在生，现在生实乃无生。正如佛陀所说的，比丘，你现在每一刻都处于亦生亦老亦灭的过程中，如果是以无生得受记，无生本身即是正位，既已处于正位，何用受记！何用再得无上正等正觉，怎么说弥勒菩萨曾受记一生得成无上正等正觉呢？再说，所谓受记，是从真如生而得呢？还是从真如灭而得？如果是从真如生而得，真如本无有生；若从真如灭而得，真如本无有灭。一切众生都是真如的体现，一切诸法也都是真如的体现，一切贤圣也都是真如的体现，弥勒菩萨也是真如的体现。如果说弥勒菩萨得受记，一切众生亦得受记。为什么这么说呢？因为真如是不二不异的，如果弥勒菩萨获得无上正等正觉，一切众生亦应获得正等正觉。为什么这么说呢？一切众生本身即具菩提相。如果弥勒菩萨得灭度，一切众生也得灭度。为什么这么说呢？诸佛知道一切众生终归都将证入涅槃，本身具涅槃相，既然本身具涅槃相，就无所谓再入灭。所以，你弥勒菩萨不要以所谓修至得不退转法去引诱众天人，实际上，并没有什么发无上道心的人，也没有退道心的人。弥勒菩萨，你应该让在座的众天神放弃所谓是否觉悟、是否得道的分别见。为什么要这样呢？所谓道，并不是人们的身、心所能得到的。寂灭即是菩提，因为它冥灭了诸相的差别；不观即是菩提，因为它远离一切因缘对待；不行即是菩提，因为它摒弃一切心思忆念；断即是菩提，因为它舍弃一切邪见；离即是菩提，因为它离弃一切的妄想杂念；障即是菩提，因为它能遮蔽一切愿求意欲；不入即是菩提，因为它放弃一切贪求执着；顺即是菩提，因为它随顺于真如；住即是菩提，因为它安住于万法的真性；至即是菩提，因为它直达于真如实际；不二即是菩提，因为它能舍弃一切对待；等即是菩提，因为它如同虚空遍布一切；无为即是菩提，因为它远离生住异灭；知即是菩提，因为它了知一切众生的心行；不会即是菩提，因为它与内外十二处均不接触；不合即是菩提，因为它远离一切烦恼习气；无处即是菩提，因为它已没有一切形色挂碍；假名即是菩提，因为它是空无自性的；如化即是菩提，因为它已无所取；无乱即是菩提，因为它是恒常寂静的；善寂即是菩提，因为它自性常清净；无取即是菩提，因为它已远离一切攀缘；无异即是菩提，因为它已与一切诸法等无差异；无比即是菩提，因为它已与一切诸法等齐，无可比喻；微妙即是菩提，因为一切诸法原本就是妙不可言的。'世尊，当维摩诘居士这样说法时，在座的二百天神都同时证入无生法忍的境界。维摩诘居士的智慧和辩才实是深不可测，我与他境界实是相差太远了，故探视他老人家的事我恐怕不能胜任。"

佛又对光严童子说："你去探视一下维摩诘居士吧。"

光严童子赶忙回禀佛陀说："世尊，此事恐怕我也不能胜任。为什么呢？记得过去有一次，我刚要走出毗耶离城城门，那时维摩诘居士正好要入城，我即向他施礼并问他道：'维摩诘居士，你刚从哪里来呢？'维摩诘居士顺口答道：'我刚从道场来。'我又问他所指的是什么样的道场？他回答道：'直心是道场，因为它质直而不虚假；发行是道场，因为只有发心修行，才能成就大事；深心是道场，因为只有具备深厚坚固的信仰心，功德才能不断增长；菩提心是道场，因为心既已觉悟，即不会再有谬误；布施是道场，因为真正的布施是不期望回报的；持戒是道场，因为持戒清净一切誓愿均得具足；忍辱是道场，因为它悲怜众生为愚痴所缚故能心无挂碍；精进是道场，因为它能精进修行永不懈怠；禅定是道场，因为它能调伏妄心使其柔顺；智慧是道场，因为它能洞见一切诸法真实相状；慈是道场，因为它能对一切众生一视同仁；悲是道场，因为它能拔除众生的烦恼苦难；喜是道场，因为它一见众生行善则心生喜乐；舍是道场，因为它已舍弃一切恩怨情爱；神通是道场，因为它能成就天眼、天耳等六种神通；解脱是道场，因为它已舍弃一切烦恼业障，一切恶行已不复生；方便是道场，因为它能随机摄化、普度众生；四摄是道场，因为它能摄化一切众生；多闻是道场，因为它多闻博记且能如法修行；伏心是道场，因为它能摄伏妄心、正观诸法；三十七道品是道场，因为它能舍弃一切有为法；四谛是道场，因为它能显示世间真相及证道得解脱；缘起是道场，因为它能明了无明至老死都是无尽缘起的；诸烦恼是道场，因为它能知晓烦恼也是真如实相的体现；众生是道场，因为借助它能了知众生乃是五蕴之假和合；一切法是道场，因为通过它能了知一切诸法都是空无自性的；降魔是道场，因为通过它能显示道心之不可动摇；三界是道场，因为成道非于三界外而另有所趣；狮子吼是道场，因为它是无所畏惧的；力、无畏、不共法是道场，因为它已远离一切烦恼和过失；三明是道场，因为它已断除一切烦恼、扫除一切障碍；一念知一切法是道场，因为它已一念了知一切法都空无自性、如如平等，成就佛智。若能这样，善男子，菩萨如果能够依据六波罗蜜教化众生，那么其一切作为，行住坐卧，举手下足则都无不是道场，都安住于佛法之中。'当维摩诘居士说这一番法语时，在座的五百天人都萌发了无上道心。世尊，维摩诘居士的智慧和辩才确实远在我之上，故去探视他老人家的事我恐怕不能胜任。"

佛又对持世菩萨说："持世菩萨，你去探视一下维摩诘居士吧。"

持世菩萨赶忙回禀佛陀道："世尊，此事恐怕我也不能胜任。为什么呢？记得过去有一次，我在静室里打坐入定，当时魔王波旬带着一万二千名天女，其情景极是壮观，就像帝释天出巡一般，当他们伴随着鼓乐弦歌来到我的静室之后，魔王波旬就领着其眷属向我稽首顶礼，随后双手合十，十分恭敬地站在一旁。当时我以为他是帝释天王，就对他说：'欢迎你，憍尸迦！你虽然福报很大，而且福有应得，但你也不该如此奢靡自恣啊！应该知道，声色等欲望是无常如幻的，因此应该常修佛法，广积善行，以作为修习出世间法身、慧命、法财三坚法之根本。'魔王波旬却对我说：'正士，这一万二千名天女就留在你这里吧，供你使唤，侍奉左右。'我赶忙说：'憍尸迦，不要让我这沙门释子接受这违反佛法的事，这对我是不适宜的。'话音未落，维摩诘居士突然出现并对我说：'他不是帝释天王，而是魔王波旬，是来扰乱你身心的。'接着，维摩诘居士又对魔王波旬说：'这些天女，可以都给我，我统统收下来。'魔王波旬一听这话，十分恐惧，心里在想：这维摩诘不会是故意来与我作对的吧？就想隐身逃走，但尽管他使出浑身解数，也无法隐身。此时，听到空中响起一个声音：'波旬，把天女给维摩诘居士，你才能从这里逃离。'魔王波旬惊恐万分，就十分恭敬地把那些天女送予维摩诘居士了。此时，维摩诘居士就对那些天女说：'魔王波旬把你们给了我，你等都应当发无上道心才是。'随即根据这些天女的不同根机为她们说法，令她们皆发求道之意。接着，维摩诘居士又对她们说：'你们都已经萌发了求道之意，在佛法里，自有法乐之娱，你们不可再耽着于五欲之乐。'那些天女便问什么是法乐，维摩诘居士回答道：'所谓法乐，就是以终生信奉佛法为乐，以听闻佛法为乐，以供养出家僧众为乐，以远离声色五欲为乐，以视五蕴身如臭皮囊为乐，以视四大如毒蛇为乐，以内观眼耳鼻舌身意等感观如荒村旷野为乐，以时时刻刻呵护道心使其不失为乐，以利益众生为乐，以恭敬供养师长为乐，以广行布施为乐，以坚持戒律不懈为乐，以忍辱柔和为乐，以勤植善根、广积善行为乐，以禅定摄心令心意不乱为乐，以远离垢染开发智慧为乐，以广发道心引度众生为乐，以降伏魔障为乐，以断除一切烦恼惑障为乐，以成就清净佛土为乐，以成就相好庄严为乐，以广修各种功德善行为乐，以庄严道场为乐，以听闻精深微妙佛法而不心生畏惧为乐，以修三解脱门为乐，以不满足于临时解脱为乐，以亲近修学同道又能以平等心对待非修学同道为乐，以亲近好朋友为乐，又能以帮助坏朋友为乐，以喜爱清净为乐，以修习种种证入佛道的法门为乐，凡此诸乐，即是菩萨法乐。'此时，魔王波旬对那些女子说：'你们同我一起返回天宫吧。'诸天女说：'我们能同这位居士在一起同享法乐，我们都感到十分高兴，不想再回天宫去享受那声色等五欲乐了。'魔王波旬一听这话，就对维摩诘居士说：'居士，你能否放弃这些天女？若能把一切都慷慨地施予他人，这才称得上菩萨啊！'维摩诘居士说：'我已经放弃啦！你可以带她们走了，但愿一切众生得法之愿都能够得到满足。'

"此时，诸天女便问维摩诘居士：'我们今后在魔宫中应该怎样生活和修道呢？'维摩诘对诸天女说：'各位姐妹们，有一种法门叫无尽灯法门，你们可以学，此种法门譬如灯灯相照，以一灯点亮百千盏灯，一切冥暗之处都被照亮，但它本身的亮光永远不会终尽。姐妹们，菩萨教化众生也是这样，一菩萨开导了百千众生，令他们都发无上道心，而菩萨之道慧非但无所损减，反而会随着其说法弘道而不断增益一切善法，这就叫作无尽灯。

你等虽然住在魔宫，但修这种无尽灯法门可以让无数天神、天女都发无上道心，如此既报答了佛恩，又能饶益众生。'这些天女听了维摩诘居士这番话后都十分高兴，她们顶礼膜拜过维摩诘居士后，就随魔王回去魔宫，片刻之间无踪无影了。世尊，维摩诘居士之智慧辩才实在了得，我与他之境界相去太远，故探视他老人家的事，恐怕不能胜任。"

佛又对长者之子善德说："你去探视一下维摩诘居士吧。"

善德赶忙回禀佛陀道："世尊，此事恐怕我也不能胜任。为什么呢？记得过去我曾在家父之居所设了一个布施大会，供养出家之比丘、婆罗门及诸外道，还有许多下层的贫苦大众及孤独的人或乞丐等，当七日期满时，维摩诘居士来到布施大会上，他对我说：'喂，长者子，设布施大会，不应当像你这样做法，布施大会应该主要是法施，布施、弘扬佛法，怎么能把它办成以财施为主的大会呢？'我当时就问他：'居士，什么叫法施大会呀？'维摩诘居士说：'所谓法施大会，就是以佛法同时布施一切众生。''这话怎么讲呢？''也就是说，菩萨应以慈无量心，开启众生之觉悟；应以悲无量心，救度众生之苦难；应以喜无量心，扶持佛教正法；应以舍无量心，开启众生之平等智慧；以布施波罗蜜，摄化众生的吝啬

和贪欲；以持戒波罗蜜，教化犯戒的众生；以忍辱波罗
蜜，开启众生明了无我之义理，从而消除嗔恨之心；以
精进波罗蜜，劝导众生抛弃过分的自爱从而避免懈怠；
以禅定波罗蜜，教化众生由定发慧；以般若波罗蜜，开
启众生的对般若空理的认识。以空解脱门，来教化度脱
众生；以无相解脱门，教导众生明了解脱不离世间；以
无作解脱门，教导众生处处受生、处处解脱；以种种方
便，护持和弘扬佛法；以布施摄、爱语摄、利行摄、同
事摄四摄法，来教化度脱众生；以消除贡高我慢，达到
恭敬一切人，成就一切事；以法身、慧命、法财三坚法，
消除对世俗身命财的贪求和执着；于念佛、念法、念僧、
念施、念戒、念天之六念中，摒除邪念，生起正念；于
修习身和同住、口和无诤、意和同事、戒和同修、见和
同解、利和同均的六和敬中，生起质直诚实之心；于正
当的谋生方式中，广行众善，弃除诸恶；以清净欢喜之
心，生起亲近贤圣之意念；以悲悯之心调伏邪恶之人，
而不嫌弃他们；以对佛法的深切信仰，肯定出家离世求
解脱；以博学多闻佛法为前提，按佛之教导如实修行；
常居于清静空闲之处所，力求做到与世无争；以禅定调
伏虚妄心念，渐渐趣向佛之智慧；以提高自己的道行为
基础，努力为众生解除缠缚；以广大之福德善业，招致
庄严法相及清净佛土之果报；以不断地修习佛教智慧，

做到了知众生之根机悟性，从而随机摄化一切众生；以不断修习般若智慧，做到了知一切诸法本性皆空，于现象界不取不舍，入于诸法一相而无相法门；广修一切善业，断除一切烦恼惑障及一切恶法；以修习助成佛道之种种法门，得一切智慧，成就一切善业。善男子，如能这样去做，就是举办了一次法施大会，如果菩萨能主持这样的法施大会，就可以说是一个大施主了，也能为世间众生广植福田。'

"世尊，在维摩诘居士如此说法时，其时在场的二百个婆罗门众，都发了无上道心，我之心地也顿时觉得清净异常，赞叹之余，就向维摩诘居士顶礼致拜，并把自己佩带的价值千金之璎珞项链献上给他，但维摩诘居士却不肯收下。我就对他说：'居士，此项链请您老务必收下，之后随您老的心意处置就是了。'经我这么一说，维摩诘居士才把项链收下，并随即把它分成二份，把其中一份给了当时在场的一位最贫贱的乞丐，另一份奉献给难胜如来。当时与会的大众，都亲眼看到这位从光明国土来的难胜如来，又见到那挂在难胜如来颈上的项链，顿时变成由四根柱梁支撑着的宝台，宝台四周都装饰得十分庄严美丽，各种装饰物层层叠叠，非但不互相遮蔽，反而还交相辉映，煞是壮观。维摩诘居士示现神通变化之后，便又说道：'如果施主以平等心向最下层的贫贱乞丐进行布施，其福德与供养如来并没有什么两样。以平等不二的大悲心做布施，不企求福报，这就叫作具足法施。'城中那些最贫贱之乞丐听了维摩诘居士这些话后，都萌发了无上道心。维摩诘居士之智慧辩才确实了得，我与他老人家之境界相差太远了，所以探视他老人家的事，我恐怕不能胜任。"

当时在座的各位菩萨都如此这般地向佛陀禀报了自己得遇维摩诘居士的经过及维摩诘居士所表现出来的高深智慧和无碍辩才，都说自己不堪胜任去探视他老人家。

2 卷中

文殊师利问疾品第五

原典

尔时，佛告文殊师利①："汝行诣维摩诘问疾。"

文殊师利白佛言："世尊，彼上人者，难为酬对：深达实相，善说法要，辩才无滞，智慧无碍，一切菩萨法式悉知，诸佛秘藏②无不得入，降伏众魔，游戏神通③，其慧方便，皆已得度。虽然，当承佛圣旨，诣彼问疾。"

于是众中诸菩萨、大弟子、释梵四天王④，咸作是念：今二大士，文殊师利、维摩诘共谈，必说妙法。即时八千菩萨、五百声闻、百千天人，皆欲随从。于是文殊师利，与诸菩萨大弟子众，及诸天人，恭敬围绕，入毗耶离大城。

尔时，长者维摩诘心念：今文殊师利，与大众俱来。

即以神力，空其室内，除去所有，及诸侍者，唯置一床，以疾而卧。

文殊师利既入其舍，见其室空，无诸所有，独寝一床。时，维摩诘言："善来，文殊师利！不来相而来，不见相而见。"文殊师利言："如是，居士！若来已更不来，若去已更不去。所以者何？来者无所从来，去者无所至。所可见者，更不可见。且置是事。居士是疾，宁可忍不？疗治有损？不至增乎？世尊殷勤，致问无量。居士是疾，何所因起？其生久如？当云何灭？"

维摩诘言："从痴有爱，则我病生。以一切众生病，是故我病。若一切众生得不病者，则我病灭。所以者何？菩萨为众生故入生死；有生死，则有病。若众生得离病者，则菩萨无复病。譬如长者，唯有一子，其子得病，父母亦病；若子病愈，父母亦愈。菩萨如是，于诸众生，爱之若子。众生病，则菩萨病；众生病愈，菩萨亦愈。又言是疾何所因起？菩萨疾者，以大悲起。"

文殊师利言："居士此室，何以空无侍者？"

维摩诘言："诸佛国土，亦复皆空。"

又问："以何为空？"

答曰："以空空。"

又问："空何用空？"

答曰："以无分别空故空。"

又问："空可分别耶？"

答曰："分别亦空。"

又问："空当于何求？"

答曰："当于六十二见中求。"

又问："六十二见当于何求？"

答曰："当于诸佛解脱中求。"

又问："诸佛解脱当于何求？"

答曰："当于一切众生心行中求。又仁者所问何无侍者？一切众魔及诸外道，皆吾侍也。所以者何？众魔者，乐生死；菩萨于生死而不舍。外道者，乐诸见；菩萨于诸见而不动。"

文殊师利言："居士所疾，为何等相？"

维摩诘言："我病无形不可见。"

又问："此病身合耶？心合耶？"

答曰："非身合，身相离故；亦非心合，心如幻故。"

又问："地大、水大、火大、风大，于此四大，何大之病？"

答曰："是病非地大，亦不离地大；水火风大，亦复如是。而众生病从四大起。以其有病，是故我病。"

尔时，文殊师利问维摩诘言："菩萨应云何慰喻有疾菩萨？"

维摩诘言："说身无常，不说厌离于身；说身有苦，不说乐于涅槃；说身无我，而说教导众生；说身空寂，不说毕竟寂灭；说悔先罪，而不说入于过去。以己之疾，愍于彼疾；当识宿世无数劫苦，当念饶益一切众生，忆所修福，念于净命，勿生忧恼，常起精进，当作医王，疗治众病。菩萨应如是慰喻有疾菩萨，令其欢喜。"

文殊师利言："居士，有疾菩萨，云何调伏其心？"

维摩诘言："有疾菩萨，应作是念：今我此病，皆从前世妄想颠倒诸烦恼生，无有实法，谁受病者？所以者何？四大合故，假名为身；四大无主，身亦无我。又此病起，皆由着我，是故于我不应生着。既知病本，即除我想及众生想，当起法想。应作是念：但以众法合成此身。起唯法起，灭唯法灭；又此法者，各不相知。起时不言我起，灭时不言我灭。"

"彼有疾菩萨，为灭法想，当作是念：此法想者，亦是颠倒。颠倒者，即是大患，我应离之。"

"云何为离？离我、我所。云何离我、我所？谓离二法⑤。云何离二法？谓不念内外诸法，行于平等。云何平等？谓我等涅槃等。所以者何？我及涅槃，此二皆空。以何为空？但以名字故空。如此二法，无决定性，得是平等，无有余病，唯有空病。空病亦空。是有疾菩萨，以无所受而受诸受⑥。未具佛法，亦不灭受而取证也。设身有苦，念恶趣众生，起大悲心，我既调伏，亦当调伏一切众生。但除其病，而不除法，为断病本而教导之。"

"何谓病本？谓有攀缘⑦；从有攀缘，则为病本。何所攀缘？谓之三界。云何断攀缘？以无所得；若无所得，则无攀缘。何谓无所得？谓离二见。何谓二见？谓内见、外见，是无所得。"

"文殊师利，是为有疾菩萨调伏其心。为断老病死苦，是菩萨菩提。若不如是，已所修治，为无慧利。譬如胜怨⑧，乃可为勇。如是兼除老病死者，菩萨之谓也。"

"彼有疾菩萨，应复作是念：如我此病，非真非有；众生病亦非真非有。作是观时，于诸众生，若起爱见大悲，即应舍离。所以者何？菩萨断除客尘烦恼⑨而起大悲。爱见悲者，则于生死有疲厌心，若能离此，无有疲厌，在在所生不为爱见之所覆也。所生无缚⑩，能为众生说法解缚。如佛所说：'若自有缚，能解彼缚，无有是处；若自无缚，能解彼缚，斯有是处。'是故，菩萨不应起缚。"

"何谓缚？何谓解？贪着禅味，是菩萨缚；以方便生，是菩萨解。又无方便慧⑪缚，有方便慧解；无慧方便缚，有慧方便解。"

"何谓无方便慧缚？谓菩萨以爱见心庄严佛土，成就众生，于空、无相、无作法中，而自调伏，是名无方便慧缚。"

"何谓有方便慧解？谓不以爱见心庄严佛土，成就众生，于空、无相、无作法中，以自调伏而不疲厌，是名有方便慧解。"

　　"何谓无慧方便缚？谓菩萨住贪欲、嗔恚、邪见等诸烦恼，而植众德本，是名无慧方便缚。"

　　"何谓有慧方便解？谓离诸贪欲、嗔恚、邪见等诸烦恼，而植众德本，回向阿耨多罗三藐三菩提，是名有慧方便解。"

　　"文殊师利，彼有疾菩萨应如是观诸法。又复观身无常、苦、空、非我⑫，是名为慧。虽身有疾，常在生死饶益一切，而不厌倦，是名方便。又复观身，身不离病，病不离身，是病是身，非新非故，是名为慧。设身有疾，而不永灭，是名方便。"

　　"文殊师利，有疾菩萨应如是调伏其心：不住其中，亦复不住不调伏心。所以者何？若住不调伏心，是愚人法；若住调伏心，是声闻法。是故，菩萨不当住于调伏、不调伏心。离此二法，是菩萨行⑬；在于生死不为污行，住于涅槃不永灭度，是菩萨行；非凡夫行，非贤圣行，是菩萨行；非垢行，非净行，是菩萨行；虽过魔行，而现降伏众魔，是菩萨行；求一切智，无非时求，是菩萨行；虽观诸法不生，而不入正位，是菩萨行；虽观十二缘起，而入诸邪见，是菩萨行；虽摄一切众生，而不爱着，是菩萨行；虽乐远离，而不依身心尽，是菩萨行；
虽行三界，而不坏法性，是菩萨行；虽行于空，而植众
德本，是菩萨行；虽行无相，而度众生，是菩萨行；虽
行无作，而现受身，是菩萨行；虽行无起，而起一切善
行，是菩萨行；虽行六波罗蜜，而遍知众生心、心数
法⑭，是菩萨行；虽行六通，而不尽漏，是菩萨行；虽行
四无量心⑮，而不贪着，生于梵世，是菩萨行；虽行禅定
解脱三昧，而不随禅生，是菩萨行；虽行四念处⑯，不毕
竟永离身受心法，是菩萨行；虽行四正勤⑰，而不舍身心
精进，是菩萨行；虽行四如意足⑱，而得自在神通，是菩
萨行；虽行五根，而分别众生诸根利钝，是菩萨行；虽
行五力，而乐求佛十力，是菩萨行；虽行七觉分，而分
别佛之智慧，是菩萨行；虽行八正道，而乐行无量佛道，
是菩萨行；虽行止观⑲助道之法，而不毕竟堕于寂灭，是
菩萨行；虽行诸法不生不灭，而以相好庄严其身，是菩
萨行；虽现声闻、辟支佛威仪，而不舍佛法，是菩萨行；
虽随诸法究竟净相，而随所应为现其身，是菩萨行；虽
观诸佛国土永寂如空，而现种种清净佛土，是菩萨行；
虽得佛道，转于法轮，入于涅槃，而不舍于菩萨之道，
是菩萨行。" 说是语时，文殊师利所将大众，其中八千天
子，皆发阿耨多罗三藐三菩提心。

注释

①**文殊师利**：又作文殊、曼殊室利、妙吉祥，菩萨名，与普贤菩萨同为如来之左右胁侍。文殊主"智"，普贤司"理"，故文殊在佛教中常作为智慧的象征。

②**秘藏**：佛法妙义之所藏。

③**游戏神通**：以神通变化接引世人。

④**四天王**：为帝释之外将。据佛经记载，须弥山之第四层，有一山名犍陀罗山，该山有四头，四天王各居其一，各镇护一天下，东面为持国天王，南面为增长天王，西面为广目天王，北面为多闻天王。

⑤**二法**：指把一切诸法分为相对之二种，如色与心，生与灭，常与断，净与染，内与外等。

⑥**诸受**：指对外界之领纳，由之而生惑造业。

⑦**攀缘**：心动而于外着境取相。

⑧**胜怨**：怨即怨敌、怨结，胜怨即战胜怨敌，化除怨结、惑障。

⑨**客尘烦恼**：心于外着境取相而生之烦恼。

⑩**缚**：烦恼的别名，因烦恼能缠缚众生，不得解脱，故名。

⑪**方便慧**：方便是一种随机善行，慧是了悟诸法实

相的智慧。此是修道得解脱的两种重要方法，缺一不可。

⑫**无常、苦、空、非我**：这是原始佛教的"四法印"，所谓诸行无常、有漏皆苦、诸法无我、涅槃寂静（空）。

⑬**菩萨行**：即菩萨的行为、境界。指修行者为成佛道而修六度之行。

⑭**心、心数法**："心"即心王，"心数法"即心所法。心王是生命现象的主体，心数是相应于心王所起心理活动和精神现象。

⑮**四无量心**：即慈（与乐）、悲（拔苦）、喜（喜见人离苦得乐）、舍（舍怨亲之分别）。

⑯**四念处**：又作四念住等，指集中心念于一处，防止杂念妄想生起以得解脱的四种修行方法，即身念住、受念住、心念住、法念住。

⑰**四正勤**：指断恶生善的四种修行方法，即为断已生之恶而勤精进、为使未生之恶不生而勤精进、为使未生之善能生而勤精进、为使已生之善增长而勤精进。

⑱**四如意足**：又作四神足，即四种禅定：欲如意足、精进如意足、念如意足、思维如意足。在三十七道品中，此四如意足是在四念处、四正勤之后的修行品目。仅修前者有慧多定少之嫌，再修此四如意足，有以定摄心、进而达到定慧双修、定慧均等之功效。

⑲**止观**：止即禅定，观即智慧观想。这是佛教的两种最基本的修行方法。

译文

其时，佛便对文殊菩萨说："既然这样，你就到维摩诘居士那里去看望他吧。"

文殊菩萨回禀佛说："世尊，与那维摩诘居士酬答应对确实很不容易，因为他洞达诸法实相，而且善于讲说佛法精义，其辩才无碍且智慧高深，了知一切菩萨法门，诸佛宝藏无不遍入，能够降伏一切外道众魔，常以各种神通游戏人间，其对智慧和方便法门之运用，均已达到出神入化的程度。虽然这样，我还是愿意秉承佛陀的旨意，前去探视他老人家。"

一听文殊菩萨这话，在座的众菩萨、佛陀的大弟子、帝释、大梵天、四天王等，都这么想：太好啦！这次文殊菩萨与维摩诘居士这两位高人要在一起对谈佛法，必定会有很精彩的有关佛教精深义理的对论。其时八千位菩萨、五百位罗汉及众多的天人都想随文殊菩萨前往。于是文殊菩萨和众多菩萨、佛大弟子及诸天人等，恭敬围绕佛座，顶礼膜拜佛陀之后，就前往毗耶离城维摩诘住处。

那时，维摩诘居士心里在想：过一会儿，文殊菩萨与诸大众都要到这里来，我得给他们腾出一些空间来。于是就运用其神力，把室中所有的东西及侍从全部搬走，只留下一张床，自己躺在床上养病。

文殊菩萨进入维摩诘居室后，见室中空空荡荡的，只有维摩诘居士独自躺在床上。维摩诘居士一见到文殊菩萨，就口露机锋，说："欢迎你，文殊菩萨，你这次是以不来之相来到这里，以不见之相来见我了。"文殊菩萨答道："是的，居士，如果是以形相而来，既来过了，就不会再来了；如果是以形相而去，既已去了，就不会再去了。为什么这么说呢？来者并没有来处，去者也没有去处，一切世俗眼光所能见到的，都是念念不住，刹那而灭的。暂不谈这些吧，先说说你的病吧，病苦还可以忍吧？治疗过病情是否好转一些？不至于病情加重吧？世尊对你的病很关心，特派我来问候你，不知居士的病是因何而起的？已经病了多长时间了？又应该怎样治疗才会好？"

维摩诘居士答道："我的病是从无明而起的，因为无明故产生爱欲，因为爱欲而生起了病患。因为众生多从无明生爱欲而罹病患，我也是一样；如果一切众生能够灭除无明爱欲从而去除了病患的根源，那我的病也就好了。为什么这么说呢？菩萨为了救度众生脱离苦海而进入生死道中，既有了生死，便会患病。如果众生能够脱离烦恼病患，则菩萨就不会再患病了。这有如慈祥的长者只有一个儿子，当他的孩子得病时，作为父母亲的肯定会忧愁成疾；如果孩子的病痊愈了，做父母亲的也就如释重负了。菩萨也是这样，其对一切众生爱之若子，一旦众生得病，则菩萨就很难过；一旦众生的病痊愈了，菩萨也就没有忧患了。至于说我的疾病是因何生起的，就像是菩萨生病，都是从大悲心生起的。"

文殊菩萨又问道："居士，你此室中为何空空，竟没有一个侍者？"

维摩诘答道："诸佛国土不也是空空如也吗？"

文殊菩萨又问道："此空以什么为依据呢？"

维摩诘答道："此空以无自性为依据。"

又问："空怎么还须凭借无自性呢？"

答道："无自性亦即无分别，故空。"

又问："空本身可以加以分别吗？"

答道："分别本身也是空。"

又问："此空当于何处寻求？"

答道："应当于六十二种邪见中寻求。"

又问："六十二种邪见又应当于何处寻求？"

答道："应当于诸佛解脱中寻求。"

又问："诸佛解脱应当于何处寻求？"

答道："应当于众生迁流不息的心念中寻求。再者，你刚才问及为何此室中空无侍者，实际上，一切魔鬼外道都是我的侍者。为什么这么说呢？举凡魔鬼都热衷于生死轮回，而大悲菩萨也是永不离于生死道中；诸外道都十分热衷于种种邪见妄说，而菩萨不会为邪见妄说所动。"

又问："居士，你的病有什么症状？"

答道："我的病并没有什么可以看得见的症状。"

又问："你的病是属于生理方面的？还是属于心理方面的？"

答道："既非生理方面，因为五蕴和合的肉身并没有实体存在；也非心理方面的，因为心是刹那生灭的，如同幻影一般。"

又问："地、水、火、风四大中，你的病属于哪一大之病？"

答道："既非地大之病，也离不开地大；水、火、风三大也是一样，既非水、火、风三大之病，也离不开水、火、风三大。一切众生的病，都是从四大不调而起的，所以我的病也是从四大不调生起的。"

其时，文殊菩萨又问维摩诘居士："作为一位菩萨，应该如何去慰问、开导生了病的菩萨？"

维摩诘答道："应该谈谈身体是变化无常的，不宜再谈厌离此身等话；应该谈谈既有身体就有病苦诸患，而不宜再谈厌离此苦去追求涅槃之乐；应该谈谈身体是众缘之和合，并没有实在的'我'，但不宜由此得出结论说空无众生，就放弃教化济度众生；应该谈谈身体是空的，但不宜再谈追求毕竟寂灭的话；说说现在已悔罪就可以了，不宜再由此及彼，追溯到以往的罪业；应该由自己的疾病，悲悯及他人之病；应当认识在未修道前所经历之无数劫苦，由此念及应教化、利益一切众生；应当忆念如何坚持正确的生活方式以及由此所修成的功德福田；不应由疾病而生烦恼，而应不断精进修习；应当立志做一个救治世人的医生，经常疗治众生的各种病患。作为一个菩萨应该这样去安慰、开导患了病的菩萨，使其身心快乐。"

文殊菩萨又问道："居士，对于已患疾病的菩萨，应当如何调伏其心？"

维摩诘答道："已患疾病的菩萨，应当这样想：我今所患之病，都是由前世颠倒妄想等烦恼业所致，并没有什么真正的实体在患病。为什么这样说呢？因为人的身体乃是四大之和合，假名为身体罢了，四大中并没有主宰者，因此这身体也没有一个真正的自我存在；又，此病之所以产生，都是众生把此四大和合之假名执为自我，所以，对于这色身不应该有所执着。既然已经认识到生病的根源，就应该摒除'我'及'众生'的虚妄执见，而应当生起法想，也就是应该这样思考：我现在这个身体是众缘和合而成的，其乃是众缘和合的缘故，其消失也只是众缘离散的结果；而且诸法之间并没有什么内在的关联，生起时是自然而然地生起，失灭时也是自然而然地失灭。

"另外，如果那些患病之菩萨想要消除诸法实有之念头，应该这样去思考：把诸法视为真实存在的想法本身就是一种颠倒妄想，而颠倒妄想就是一种病患，我应该远离之。

"那么，应该怎样远离颠倒妄想呢？就是应该放弃对自我及自我所有这二者的执着。应该怎样放弃对自我及自我所有的执着呢？就是远离相对的二法。应该怎样远离相对的二法？就是应该不执着于内外诸法，视内外诸法为平等一如。应该怎样做到视内外诸法为平等一如呢？就是应该把自我与涅槃同等看待。为什么这么说呢？自我与涅槃，二者本来都是空。为什么二者本来皆是空呢？因为二者本来都是一种假名而非实有，都没有自身的规定性。如果能够以平等心看待这二者，就不会有什么病患了，余下的就是执着于空的病患了，对于这种空病，也应该空掉。所以患病的菩萨，应该以无所受而受的态度来对待生死病患诸苦，虽然尚未取得佛的果位，也不应刻意弃除平常人的种种感受去求取涅槃。患了疾病的菩萨，应该念及六道众生中多有病患者在，应发起大悲心，既调伏自心，又调伏一切众生的烦恼病患，调伏的方法，只是弃除其疾病苦患，而不是同时把他们的生理感受及外在诸法都弃除掉，其中尤为重要的是应弃除掉其患病的根源。

"那么，什么是众生患病的根源呢？就是对外界有所执着，此对于外界之执着则是病患之根源。所谓执着外界，就是视三界为实有。那么，如何放弃对外界的执着呢？就是应该对外界无所取、无所得，如果能无所取、无所得，那么执着（攀缘）不除自除。什么叫作对外界无所取、无所得呢？就是应该远离'二见'。什么叫作远离'二见'呢？就是对内之心识和对外之境相都不执着。

"文殊师利，患疾的菩萨就应该这样调伏其心，为了断除众生的生老病死等苦患、为了利他济众，这才是菩萨的觉悟之道。如果不是这样，只是为了自己的修行，那便不能利济群生。这有如一个人只有战胜强敌，才称得上'勇'，佛法也是这样，只有做到兼除众生病患，兼利群生，这才配得上菩萨的称号。

"那些患疾的菩萨，应该这样思考：一切众生的病，也如同我的病一样，都是非真非有的。当菩萨作这样观照时，如果又因大悲心而对众生产生偏爱，也应该舍弃。为什么要这样呢？菩萨的大悲，应以断除一切外界之烦恼垢染为前提，而如果对于众生有所偏爱，久而久之，便会对生死世间有厌离之意，如果能够舍弃偏爱之心，则永远不会对生死世间产生厌离之意，无论在什么地方，都能不为爱欲偏见所蒙蔽。既然不会受蒙蔽、束缚，就能为一切众生说法，替他们解除缠缚。这有如佛陀所说的，如果自己有所系缚，而想替他人解除系缚，那是不可能的；如果自己无所系缚，即能替他人解缚，所以说菩萨不应该为任何爱见所缠缚。

"那么，什么叫'缠缚'呢？什么叫'解缚'呢？贪恋于禅定的愉悦，这就是一种'缠缚'；能够随缘示现，以种种方便法门济度众生，这就是'解缚'。此外，如果不能运用各种方便法门去济度众生，而仅有智慧，则是'缠缚'，如果既能运用种种方便法门，又具有智慧，则是'解缚'；反之，如果仅有方便法门，而无智慧，这也是'缠缚'，如果既有智慧，又能运用各种方便法门去济度众生，则是'解缚'。

"进而言之，什么叫作'无方便慧缚'呢？就是说，如果菩萨以有所爱着之心，庄严佛土，济度众生，能够于'空、无相、无作'三解脱门中自我调伏，这就叫作'无方便慧缚'。"

"什么叫作'有方便慧解'呢？就是说，如果菩萨以无所爱着之心庄严佛土，济度众生，能够于'空、无相、无作'三解脱门中自我调伏，并且不对生死世间产生厌离之心，这就叫作'有方便慧解'。

"什么叫作'无慧方便缚'呢？就是说，如果菩萨能够在贪欲、嗔恚、邪见等烦恼界中遍行善事、广植德本，这就叫作'无慧方便缚'。

"什么叫作'有慧方便解'呢？就是说，如果菩萨能够远离贪欲、嗔恚、邪见等烦恼并于烦恼界中遍行善事、广植德本，而且能够把这些功德回向于无上正等正觉，这就叫作'有慧方便解'。

"文殊师利，那些患疾之菩萨应该这样对待诸法，同时，还应该如此去反观自身，即此身无常、人生皆苦、诸法皆空无自性，若能这样去观察诸法乃至自身，这就叫作'慧'；如果自己虽然身已患疾，却能在生死海中不厌倦地济度、利益一切众生，这就叫作'方便'。此外，如果能够进一步去反观自身与病乃是一而不二，身不离病，病不离身，身即是病，病即是身，身病一体，没有先后，就没有新故区别，便知身病一体即是实相，这就叫作'慧'；如果虽然身有疾患，而又不求脱离此生死海，并能在生死海中广济群生，这就叫作'方便'。

"文殊师利，有病之菩萨，应该这样调伏其心，既不住于自心未经调伏状态之中，也不住于已经调伏了的心境。为什么要这样呢？因为如果住于未经调伏的心态，则是凡夫愚人之作为；如果满足于已经调伏的心境，那是声闻乘境界。所以菩萨于调伏、未调伏二种心境都应当出离，若能这样，才是真正的菩萨行。此外，对于生死与涅槃亦然，菩萨虽住于生死世间却不为世间之污垢所染，虽然达到涅槃境界却不永入于寂灭，这才是真正的菩萨行；既不混同一般的凡夫俗子的行为，也不追求纯净至善的圣贤行，这才是真正的菩萨行；既不胡作非为，又不一尘不染，这才是真正的菩萨行；虽然出于摄化的需要，有过魔行魔事，却又能示现摧伏众魔之相，这才是真正的菩萨行；既能坚持不懈追求佛智，又能不急于成佛，屏持众生未度尽就决不成佛，这才是真正的菩萨行；虽然已经达到证悟无生的境界，但不急于进入涅槃正位，这才是真正的菩萨行；虽然能观悟十二因缘依无明而起，又能不回避种种邪见，这才是真正的菩萨行；虽然以摄化度尽一切众生为己任，但又能不对众生产生偏爱之心，这才是真正的菩萨行；虽然以远离生死世间为最终目标，又能不追求自身的灰身灭智，这才是真正的菩萨行；虽然出于大悲以身相示现三界，又能不破坏法性的湛然常寂，这才是真正的菩萨行；虽然体悟空乃诸法之本，又能于世间广植德本，这才是真正的菩萨行；虽然深切洞达诸法本无形相，又能于世间广开教示、普度群生，这才是真正的菩萨行；虽然已经证无作解脱，又能为济度众生受报于此生死世间，这才是真正的菩萨行；虽然明了诸法本不生起，又能遍施一切善行，这才是真正的菩萨行；虽然奉行修持六度法门，又能遍知众生心心数法，以便随机摄化，这才是真正的菩萨行；虽然已具六种神通，又能显示烦恼之相，这才是真正的菩萨行；虽然已发慈悲喜舍四无量心，又能不贪求生于四禅天清净境界，这才是真正的菩萨行；虽然修行‘四禅’‘八解脱’‘三三昧’，又能不贪求生于与禅定力相应之境界，这才是真正的菩萨行；虽然修行‘四念处’，又能不放弃身受心法而出离生死，这才是真正的菩萨行；虽然修行‘四正勤’，已得止恶生善之法，又能不放弃身心的精进修行，这才是真正的菩萨行；虽然修行‘四如意足’，但能妙契神颖任运自在，这才是真正的菩萨行；虽然修行‘五根’，但能善于分别众生根机之利钝，这才是真正的菩萨行；虽然修行菩萨‘五力’，而更乐于追求佛之‘十力’，这才是真正的菩萨行；虽然修行‘七觉支’，但能调念分明，入佛之智慧，这才是真正的菩萨行；虽然修行‘八正道’，但更乐于践行无量佛道，这才是真正的菩萨行；虽然修行助进佛道的止观法门，但能不堕入小乘的独善寂灭，这才是真正的菩萨行；虽已亲证诸法不生不灭，又能以相好庄严其身，这才是真正的菩萨行；虽然因教化需要示现声闻、辟支佛小乘威仪，又能不放弃成佛之大乘法门，这才是真正的菩萨行；虽然随顺诸法清净实相，又能随机随缘示现其身，这才是真正的菩萨行；虽然洞知诸佛国土永远寂灭如同虚空，又能方便示现种种清净佛土，这才是真正的菩萨行；虽然已经证成佛果，转大法轮，进入于涅槃境界，又能不舍弃慈悲度众之菩萨道，这才是真正的菩萨行。"当维摩诘居士宣说这些法语时，文殊菩萨所率领诸大众中的八千位天人，都萌发了无上道心。

不思议品第六

尔时，舍利弗见此室中无有床座，作是念：斯诸菩萨大弟子众，当于何坐？长者维摩诘知其意，语舍利弗言："云何，仁者为法来耶？为床座耶？"舍利弗言："我为法来，非为床座。"

维摩诘言："唯，舍利弗！夫求法者，不贪躯命，何况床座？夫求法者，非有色、受、想、行、识之求，非有界、入之求，非有欲、色、无色之求。唯，舍利弗！夫求法者，不着佛求，不着法求，不着众求。夫求法者，无见苦求，无断集求，无造尽证修道之求。所以者何？法无戏论。若言我当见苦、断集、证灭、修道，是则戏论，非求法也。"

"唯，舍利弗！法名寂灭，若行生灭，是求生灭，非求法也；法名无染，若染于法，乃至涅槃，是则染着，非求法也；法无行处，若行于法，是则行处，非求法也；法无取舍，若取舍法，是则取舍，非求法也；法无处所，若着处所，是则着处，非求法也；法名无相，若随相识，是则求相，非求法也；法不可住，若住于法，是则住法，非求法也；法不可见闻觉知，若行见闻觉知，是则见闻觉知，非求法也；法名无为，若行有为，是求有为，非求法也。是故，舍利弗，若求法者，于一切法应无所求。"说是语时，五百天子，于诸法中得法眼净。

尔时，长者维摩诘问文殊师利："仁者游于无量千万亿阿僧祇①国，何等佛土，有好上妙功德成就师子之座②？"文殊师利言："居士，东方度三十六恒河沙③国，有世界名须弥相，其佛号须弥灯王，今现在，彼佛身长八万四千由旬④，其师子座，高八万四千由旬，严饰第一。"

于是，长者维摩诘现神通力，即时彼佛，遣三万二千师子之座，高广严净，来入维摩诘室。诸菩萨、大弟子、释梵四天王等，昔所未见。其室广博，悉皆包容三万二千师子座，无所妨碍。于毗耶离城及阎浮提⑤四天下，亦不迫迮⑥，悉见如故。

尔时，维摩诘语文殊师利就师子座，与诸菩萨上人俱坐。当自立身如彼座像。其得神通菩萨，即自变形为四万二千由旬，坐师子座；诸新发意菩萨及大弟子，皆不能升。

尔时，维摩诘语舍利弗就师子座，舍利弗言："居士，此座高广，吾不能升。"维摩诘言："唯，舍利弗！为须弥灯王如来作礼，乃可得坐。"于是新发意菩萨及大弟子，即为须弥灯王如来作礼，便得坐师子座。

舍利弗言："居士，未曾有也，如是小室，乃容受此高广之座，于毗耶离城，无所妨碍；又于阎浮提聚落城邑，及四天下诸天、龙王、鬼神宫殿，亦不迫迮。"

维摩诘言："唯，舍利弗！诸佛菩萨，有解脱名不可思议，若菩萨住是解脱者，以须弥之高广内⑦芥子中，无所增减，须弥山王本相如故，而四天王、忉利诸天，不觉不知己之所入，唯应度者，乃见须弥入芥子中，是名不可思议解脱法门。又以四大海水入一毛孔，不娆鱼鳖鼋鼍水性之属，而彼大海本性如故。诸龙、神、鬼、阿修罗等，不觉不知己之所入，于此众生亦无所娆。"

"又，舍利弗，住不可思议解脱菩萨，断取三千大千世界，如陶家轮，着右掌中，掷过恒沙世界之外，其中众生不觉不知己之所往；又复还置本处，都不使人有往来想，而此世界本相如故。"

"又，舍利弗，或有众生乐久住世而可度者，菩萨即演七日以为一劫，令彼众生谓之一劫；或有众生不乐久住而可度者，菩萨即促一劫以为七日，令彼众生谓之七日。"

"又，舍利弗，住不可思议解脱菩萨，以一切佛土严饰之事，集在一国，示于众生；又菩萨以一切佛土众生置之右掌，飞到十方，遍示一切，而不动本处。"

"又，舍利弗，十方众生供养诸佛之具，菩萨于一毛孔，皆令得见；又十方国土所有日月星宿，于一毛孔普使见之。"

"又，舍利弗，十方世界所有诸风，菩萨悉能吸着口中，而身无损；外诸树木，亦不摧折。又十方世界劫尽烧时，以一切火内于腹中，火事如故，而不为害。又于下方过恒河沙等诸佛世界，取一佛土，举着上方，过恒河沙无数世界，如持针锋举一枣叶，而无所娆。"

"又，舍利弗，住不可思议解脱菩萨，能以神通现作佛身，或现辟支佛身，或现声闻身，或现帝释身，或现梵王身，或现世主身，或现转轮圣王身。又十方世界所有众声，上中下音，皆能变之，令作佛声，演出无常、苦、空、无我之音，及十方诸佛所说种种之法，皆于其中，普令得闻。舍利弗，我今略说菩萨不可思议解脱之力，若广说者，穷劫不尽。"

是时，大迦叶闻说菩萨不可思议解脱法门，叹未曾有，谓舍利弗："譬如有人，于盲者前现众色像，非彼所见；一切声闻，闻是不可思议解脱法门，不能解了，为若此也。智者闻是，其谁不发阿耨多罗三藐三菩提心？我等何为永绝其根？于此大乘，已如败种。一切声闻，闻是不可思议解脱法门，皆应号泣，声震三千大千世界；一切菩萨，应大欣庆，顶受此法。若有菩萨信解不可思议解脱法门者，一切魔众无如之何！"大迦叶说此语时，三万二千天子，皆发阿耨多罗三藐三菩提心。

尔时，维摩诘语大迦叶："仁者，十方无量阿僧祇世界中作魔王者，多是住不可思议解脱菩萨，以方便力故，教化众生，现作魔王。又迦叶，十方无量菩萨，或有人从乞手足耳鼻、头目髓脑、血肉皮骨、聚落城邑、妻子奴婢、象马车乘、金银琉璃、砗磲玛瑙、珊瑚琥珀、真珠珂贝、衣服饮食，如此乞者，多是住不可思议解脱菩萨，以方便力而往试之，令其坚固。所以者何？住不可思议解脱菩萨，有威德力，故行逼迫，示诸众生，如是难事。凡夫下劣，无有力势，不能如是逼迫菩萨。譬如龙象蹴踏，非驴所堪。是名住不可思议解脱菩萨智慧方便之门。"

注释

①**阿僧祇**：意译为无数、无量数，一阿僧祇等于一

千万万万万万万万万万兆。

②**师子之座**：师子即狮子，佛为狮子，故佛之座处称为狮子座，后泛指高僧说法时的庄严坐席。

③**恒河沙**：恒河为印度之大河，恒河沙泛指无量数。

④**由旬**：计算里程之单位，指一日行军之里程，约四十里。

⑤**阎浮提**：又称赡部洲，位于须弥山之南部，即我们所居住的世界。

⑥**迫迮**："迮"，窄义；"迫迮"即狭窄的意思。

⑦**内**：即纳的意思。

译文

当时，舍利弗见室中空空荡荡，无一坐床，心里在想：这么多菩萨及大弟子们，该坐在哪里呢？维摩诘居士立即知道了舍利弗的心事，就对舍利弗说："舍利弗，你是为听佛法而来的，还是为了座位而来？"舍利弗答道："我是为了听你与文殊菩萨讲论佛法而来的，不是为座位而来。"

维摩诘说："喂，舍利弗！为了求法，应该做到不惜身命，何况座位呢！真正的求法者，不应该有色、受、想、行、识五蕴之求，也不应该有十二处、十八界之求，不应该有欲界、色界、无色界三界欲乐之求。舍利弗，真正的求法者，应该既不贪着于佛相，也不贪着于法相，又不贪着于僧相。真正的求法者，不应该存有世间皆苦而希图出离之心，不应该存有要断尽烦恼得解脱之念，不应该存有修道入灭之意。为什么应该这样呢？因为佛法是至真之道，如果存有我欲离苦、我欲断惑、我欲修道入灭之念头，这就是戏论，并非求法。”

“喂，舍利弗！佛法是湛然寂静的，如果心存生灭的偏见，那是求生灭之法，不是求佛法；佛法是无有垢染的，如果对世间法仍有所执着，乃至对涅槃有所执着，那是贪着染垢，而非求佛法；又，佛法是不着心行处所的，如果心念对境相有所攀缘，那是心所法外行，而非求法；佛法是不能有所取舍的，如果对世间诸法有所取舍，那是取舍诸法，而非求佛法；佛法是无所依止的，如果依止于某一处所，那是寻求处所而非求法；佛法是无有形相的，如果追逐于事物的形相，那是求相而非求法；佛法是不住于任何具体事物的，如果停住于具体的事物，那是住世间法而非求佛法；佛法是不可见闻觉知的，如果欲见闻觉知，那是追求感观之感受和心之意识，而不是求佛法；佛法是不生不灭的无为法，如果只着眼于生灭界，那是追求有为法，而非求佛法。所以，舍利弗，如果要求佛法，应该对一切诸法都无所着、无所求。"当维摩诘居士说这些话时，在场的五百位天人，都得清净法眼。

其时，维摩诘居士问文殊菩萨，说："你曾经到过十方佛土、无量世界，请问哪一方佛土有最为庄严、最能成就种种功德的狮子座呢?"文殊菩萨答道："居士，由此向东越过三十六个恒河沙数国度，有一个世界名叫须弥相，该世界之佛的名号叫须弥灯王，其身高达八万四千由旬，其狮子座也高达八万四千由旬，最是庄严富丽。"

听了文殊菩萨这番话后，维摩诘居士便运用其神通力，请那须弥灯王立即把三万二千个狮子座送至维摩诘室中。这些狮子座之高大宽阔，都是在座的诸菩萨及众大弟子前所未见的，维摩诘的居室也顿时变得十分宽敞，此三万二千个狮子座尽放其中一点也不觉得局促，同时，也没有使毗耶离城及阎浮提四天下变得窄小，整个世界一如原样。

随后，维摩诘居士就请文殊菩萨在狮子座上就座，与会的诸菩萨也先后入座。当时维摩诘居士吩咐大家应该把自己的身体伸长至与狮子座相应的高度，那些已得神通之菩萨的身体实时长高至四万二千由旬，而那些新发意菩萨及诸大弟子，则都无法使自己的身体相应地长高变大。

其时，维摩诘居士请舍利弗就座，舍利弗说："居士，此座椅太高大了，我无法上座。"维摩诘说："喂，舍利弗！向须弥灯王顶礼，就可以上座了。"舍利弗、新发意菩萨及众大弟子即向须弥灯王顶礼，于是都得以入座。

舍利弗又说："居士，真是前所未闻，如此小的居室，竟然可以容纳这样高广宽大之宝座，而且对毗耶离城毫无妨碍，阎浮提中诸城邑村落乃至四天下、众龙王鬼神宫殿也不会因此显得窄小和局促。"

维摩诘说："舍利弗，诸佛菩萨，有一种不可思议解脱法门，如果菩萨住于这种解脱境界，把须弥山纳入芥子之中，芥子也不会因此有所增大，须弥山也不会因此有所缩小，这是因为须弥山本相如如的缘故，因此就连四天王、忉利天王等都不知不觉已入于芥子之中，只有那些借此神通而应该得度者才看得见须弥山入于芥子之中，这就是不可思议解脱法门。另外，把四大海之水倒入一毛孔中，也丝毫不妨碍那些海中生物如鱼、鳖、鼋、鼍等在水中自由自在悠游，这是因为大海之本性如此的缘故，所以就连那些龙、神、鬼、阿修罗等也不知不觉入于毛孔之中，毫不影响它们的嬉戏悠游。

"此外，舍利弗，住于不可思议解脱境界的菩萨，在广阔无垠的宇宙中截取一个三千大千世界，好像制陶器的轮盘在陶匠手中灵活轮转一般，置于右掌之中，然后将此三千大千世界掷出，使它飞到广阔无垠的太空之中，而住于其中的众生却不知不觉，然后菩萨再把此三千大千世界掷回原处，住于其中之众生也不会有飞来飞去的感觉，这是因为这三千大千世界本相如如的缘故。

"另外，舍利弗，如果有这样一些众生，他们乐于久住世间，而他们又是应该得度者，菩萨便会运用把七日延长为一劫的神通，使这些众生觉得已经历了一劫长的时间了；相反，如果有这样一些众生，他们不喜欢久住于世间，而他们又是应该得度者，菩萨也能够运用神通，把一劫变为七日，使他们觉得好像只过了七日时间。

"再者，舍利弗，住于不可思议境界的菩萨，能够把一切佛土庄严饰物集中于某一佛土，把它展示给众生看；同时，菩萨也能把一切佛土之众生置于右掌之上，把他们抛至十方世界，而这些众生自身也不知不觉。

"再者，舍利弗，菩萨能够把十方世界众生供养的一切庄严器物集中于一毛孔中，使众生都看得见；同时也能把十方国土的所有日月星辰集中于一毛孔中，使众生都看得见。

"再者，舍利弗，十方世界的所有大风，菩萨都能把它吸入腹中，而自己的身体不会因此而有所变形；而菩萨把这些风再吹向外界时，树木也不会因此而受摧折。菩萨还能把十方世界坏劫末期之大火吸入腹中，火虽仍在腹中燃烧，但菩萨的身体不会因此而受到伤害。菩萨还能在处于下方的无量数国土中，任取一国土，像拿一枚针锋顶举一片枣叶一般向上把它举过无量数世界，之间不会受到任何障碍。

"再者，舍利弗，位于不可思议境界的菩萨，能以神通现作佛身，或辟支佛身，或现声闻身，或现帝释身，或现梵王身，或现大自在天王身，或现转轮圣王身。菩萨还能把十方世界中的各种声音，都变成佛的声音，都变成演讲苦、空、无常、无我等佛教义理的声音，使它连同十方世界一切诸佛所宣说之正法，都令众生得以听闻受益。舍利弗，我现在只是简略地说一说位于不可思议境界菩萨之不可思议解脱力，如果要详加细说，则虽无数劫也说不完。"

这时，大迦叶听了维摩诘这番开示菩萨不可思议解脱法门的话后，十分赞叹这种法门实在是前所未闻的，之后，便对舍利弗说："这譬如有人在盲者眼前示现各种色彩鲜艳的东西，而盲者则一无所见，声闻乘人对于这种不可思议法门之一无所知，就与此相类似。而有智慧的人，听到这种法门后，怎会不迅即萌发无上道心呢！我们这些小乘众为何这般缺乏大乘根器，对于大乘来说，我们真有如永不发芽的败种，一切声闻众听到这种不可思议解脱法门后，都应该悲泣号啕，让其声音远震三千大千世界；而一切菩萨听到这种不可思议解脱法门，则都应该欢欣相庆，顶礼领受。如果有菩萨信解此不可思议解脱法门，一切魔王鬼众都将无可奈何他。"当大迦叶说完这话时，有三万二千天人，皆发无上道心。

其时，维摩诘居士对大迦叶说："仁者，十方无量数世界中众多示现为魔王者，多是住不可思议解脱境界菩萨，为了以其方便力教化众生，故现魔王身相。再者，大迦叶，十方世界如有人乞求布施手、足、耳朵、鼻子、头、眼睛、脑髓、血肉、村庄、城池、妻子、奴婢、象车、马车、金银、琉璃、砗磲、玛瑙、珊瑚、琥珀、真珠、珂贝、衣服、饮食等，这些乞者，多是住不可思议解脱境界的菩萨，以其方便力而故意试验那些被乞求者，以坚固他们的慈悲心。为什么这样呢？因为住于不可思议解脱境界的菩萨，具有很强的威慑和感化力量，能够威慑和感化众生，而一般的凡夫俗子，不具有这种威慑和感化力，当然不可能像这些菩萨那样去威慑和感化他人了，这有如龙与象之气势，绝非一般驴马所可比拟的，这便是住不可思议解脱境界菩萨所开演之智慧、方便法门。"

观众生品第七

原典

尔时，文殊师利问维摩诘言："菩萨云何观于众生？"

维摩诘言："譬如幻师，见所幻人，菩萨观众生为若此。如智者见水中月，如镜中见其面相，如热时焰，如呼声响，如空中云，如水聚沫，如水上泡，如芭蕉坚，如电久住，如第五大，如第六阴，如第七情，如十三入，如十九界[①]，菩萨观众生为若此。如无色界色，如焦谷芽，如须陀洹[②]身见，如阿那含[③]入胎，如阿罗汉[④]三毒，如得忍菩萨[⑤]贪恚毁禁，如佛烦恼习，如盲者见色，如入灭尽定[⑥]出入息，如空中鸟迹，如石女儿，如化人烦恼，如梦所见已寤，如灭度者受身，如无烟之火，菩萨观众生为若此。"

文殊师利言:"若菩萨作是观者,云何行慈?"

维摩诘言:"菩萨作是观已,自念:我当为众生说如斯法,是即真实慈也。行寂灭慈,无所生故;行不热慈,无烦恼故;行等之慈,等三世故;行无诤慈,无所起故;行不二慈,内外不合故;行不坏慈,毕竟尽故;行坚固慈,心无毁故;行清净慈,诸法性净故;行无边慈,如虚空故;行阿罗汉慈,破结贼⑦故;行菩萨慈,安众生故;行如来慈,得如相故;行佛之慈,觉众生故;行自然慈,无因得故;行菩提慈,等一味故;行无等慈,断诸爱故;行大悲慈,导以大乘故;行无厌慈,观空无我故;行法施慈,无遗惜故;行持戒慈,化毁禁故;行忍辱慈,护彼我故;行精进慈,荷负众生故;行禅定慈,不受昧故;行智慧慈,无不知时故;行方便慈,一切示现故;行无隐慈,直心清净故;行深心慈,无杂行故;行无诳慈,不虚假故;行安乐慈,令得佛乐故。菩萨之慈,为若此也。"

文殊师利又问:"何谓为悲?"

答曰:"菩萨所作功德,皆与一切众生共之。"

"何谓为喜?"

答曰:"有所饶益,欢喜无悔。"

"何谓为舍?"

答曰:"所作福佑,无所希望。"

文殊师利又问："生死有畏，菩萨当何所依？"

维摩诘言："菩萨于生死畏中，当依如来功德之力。"

文殊师利又问："菩萨欲依如来功德之力，当于何住？"

答曰："菩萨欲依如来功德力者，当住度脱一切众生。"

又问："欲度众生，当何所除？"

答曰："欲度众生，除其烦恼。"

又问："欲除烦恼，当何所行？"

答曰："当行正念。"

又问："云何行于正念？"

答曰："当行不生不灭。"

又问："何法不生？何法不灭？"

答曰："不善不生，善法不灭。"

又问："善不善，孰为本？"

答曰："身为本。"

又问："身孰为本？"

答曰："欲贪为本。"

又问："欲贪孰为本？"

答曰："虚妄分别为本。"

又问："虚妄分别孰为本？"

答曰："颠倒想为本。"

又问："颠倒想孰为本？"

答曰："无住⑧为本。"

又问："无住孰为本？"

答曰："无住则无本。文殊师利，从无住本，立一切法。"

时，维摩诘室，有一天女，见诸天人闻所说法，便现其身，即以天华，散诸菩萨、大弟子上。华至诸菩萨，即皆堕落，至大弟子，便着不堕。一切弟子神力去华，不能令去。尔时，天问舍利弗："何故去华？"

答曰："此华不如法，是以去之。"

天曰："勿谓此华为不如法。所以者何？是华无所分别，仁者自生分别想耳。若于佛法出家，有所分别，为不如法；若无所分别，是则如法。观诸菩萨华不着者，已断一切分别想故。譬如人畏时，非人得其便；如是弟子畏生死故，色声香味触得其便也；已离畏者，一切五欲无能为也。结习未尽，华着身耳；结习⑨尽者，华不着也。"

舍利弗言："天止此室，其已久如？"

答曰："我止此室，如耆年解脱。"

舍利弗言："止此久耶？"

天曰："耆年⑩解脱，亦何如久？"

舍利弗默然不答。

天曰：“如何耆旧，大智而默？”

答曰：“解脱者，无所言说，故吾于是不知所云。”

天曰：“言说文字，皆解脱相。所以者何？解脱者，不内不外，不在两间；文字亦不内不外，不在两间。是故，舍利弗，无离文字说解脱也。所以者何？一切诸法是解脱相。”

舍利弗言：“不复以离淫怒痴为解脱乎？”

天曰：“佛为增上慢⑪人，说离淫怒痴为解脱耳；若无增上慢者，佛说淫怒痴性，即是解脱。”

舍利弗言：“善哉！善哉！天女，汝何所得？以何为证？辩乃如是。”

天曰：“我无得无证，故辩如是。所以者何？若有得有证者，则于佛法为增上慢。”

舍利弗问天：“汝于三乘⑫为何志求？”

天曰：“以声闻法化众生故，我为声闻；以因缘法化众生故，我为辟支佛；以大悲法化众生故，我为大乘。舍利弗！如人入薝蔔林⑬，唯嗅薝蔔，不嗅余香。如是，若入此室，但闻佛功德之香，不乐闻声闻、辟支佛功德香也。舍利弗，其有释梵四天王、诸天龙鬼神等，入此室者，闻斯上人讲说正法，皆乐佛功德之香，发心而出。”

“舍利弗，吾止此室十有二年，初不闻说声闻、辟支佛法，但闻菩萨大慈大悲，不可思议诸佛之法。"

"舍利弗，此室常现八未曾有难得之法。何等为八？此室常以金色光照，昼夜无异，不以日月所照为明，是为一未曾有难得之法；此室入者，不为诸垢之所恼也，是为二未曾有难得之法；此室常有释梵四天王、他方菩萨来会不绝，是为三未曾有难得之法；此室常说六波罗蜜，不退转法，是为四未曾有难得之法；此室常作天人第一之乐，弦出无量法化之声，是为五未曾有难得之法；此室有四大藏，众宝积满，周穷济乏，求得无尽，是为六未曾有难得之法；此室释迦牟尼佛、阿弥陀佛、阿閦佛、宝德、宝炎、宝月、宝严、难胜、师子响、一切利成，如是等十方无量诸佛，是上人念时，即皆为来，广说诸佛秘要法藏，说已还去，是为七未曾有难得之法；此室一切诸天严饰宫殿，诸佛净土，皆于中现，是为八未曾有难得之法。舍利弗，此室常现八未曾有难得之法，谁有见斯不思议事，而复乐于声闻法乎？"

舍利弗言："汝何以不转女身？"

天曰："我从十二年来，求女人相了不可得，当何所转？譬如幻师化作幻女，若有人问：'何以不转女身？'是人为正问不？"

舍利弗言："不也，幻无定相，当何所转！"

天曰："一切诸法，亦复如是，无有定相，云何乃问不转女身?"实时天女以神通力,变舍利弗,令如天女;天自化身,如舍利弗,而问言:"何以不转女身?"

舍利弗以天女像而答言:"我今不知何转而变为女身。"

天曰:"舍利弗,若能转此女身,则一切女人亦当能转。如舍利弗,非女而现女身,一切女人,亦复如是,虽现女身,而非女也。是故,佛说一切诸法,非男非女。"即时,天女还摄神力,舍利弗身还复如故。

天问舍利弗:"女身色相,今何所在?"

舍利弗言:"女身色相,无在无不在。"

天曰:"一切诸法,亦复如是,无在无不在。夫无在无不在者,佛所说也。"

舍利弗问天:"汝于此没,当生何所?"

天曰:"佛化所生,吾如彼生。"

曰:"佛化所生,非没生也。"

天曰:"众生犹然,无没生也。"

舍利弗问天:"汝久如当得阿耨多罗三藐三菩提?"

天曰:"如舍利弗还为凡夫,我乃当成阿耨多罗三藐三菩提。"

舍利弗言:"我作凡夫,无有是处。"

天曰:"我得阿耨多罗三藐三菩提,亦无是处。所以者何?菩提无住处,是故无有得者。"

舍利弗言："今诸佛得阿耨多罗三藐三菩提，已得当得，如恒河沙，皆谓何乎？"

天曰："皆以世俗文字数故，说有三世，非谓菩提有去来今。"

天曰："舍利弗，汝得阿罗汉道耶？"

曰："无所得故而得。"

天曰："诸佛菩萨，亦复如是，无所得故而得。"

尔时，维摩诘语舍利弗："是天女已曾供养九十二亿诸佛，已能游戏菩萨神通，所愿具足，得无生忍，住不退转，以本愿故，随意能现，教化众生。"

注释

①"**如第五大**"等句：世间只有四大、五阴、六情、十二入、十八界，所谓"第五大""第六阴""第七情""十三入""十九界"等，纯属子虚乌有。

②**须陀洹**：声闻乘四果之初位，意为"预入圣流"。既已入圣，已断见惑，故不复有身见。

③**阿那含**：声闻乘第三果位，意为"不还"，即不再生于欲界，故不复有入胎之事。

④**阿罗汉**：声闻乘第四果位，意为"不生"，已断尽一切烦恼，不复有贪嗔痴三毒。

⑤**得忍菩萨**：即已得无生法忍之菩萨，心结永除，已不复有贪恚。

⑥**灭尽定**：又作"灭受想定"，指灭尽心、心所，已暂无出入息之禅定，故不复有出入息。

⑦**结贼**：结是烦恼之异名，烦恼能缠缚、困扰人，故称结贼。

⑧**无住**：即无所执着之意。

⑨**结习**：烦恼之异称。

⑩**耆年**：指六十岁以上的老人（在此则指舍利弗而言）。

⑪**增上慢**：道行未深却起高傲自大之心。

⑫**三乘**：指声闻乘、缘觉乘、菩萨乘。

⑬**蒨蔔林**："蒨蔔"是树名，即蒨蔔树之林。

译文

其时，文殊菩萨便问维摩诘居士："菩萨应当如何观于众生？"

维摩诘居士说："菩萨之观于众生，应该如幻化师观于幻化人，如智者观看水中之月、镜中之像一样，应该把众生看成如沙漠中的阳焰蜃影，如声音之回响，如空中之浮云，如水中之聚沫，如水上之气泡，如坚实的芭蕉之心，如久住于空中的闪电，如地水火风之外的第五大，如色受想行识外的第六阴，如六情外之第七情，如十二入之外的第十三入，如十八界之外之第十九界；菩萨应该这样去观于众生，应该把众生看成如无色界之色，如烧焦谷种所发之芽，如得须陀洹果者还有身见，如得阿那含果者还会再入胎，如得阿罗汉果者竟有贪嗔痴三毒，如已得无生法忍菩萨竟还会贪恚犯禁，如得佛果者还有烦恼习气，如盲人能够看见色彩，如已入灭定者还有出入息，如空中飞过的鸟竟留下了痕迹，如石女能够生儿，如化生之人竟有烦恼，如梦中见到自己醒着，如已证涅槃者重又受身，如同无烟能够冒出火来。菩萨应该这样去观于众生。"

文殊菩萨又问道："如果菩萨这样去观于众生，那他们又应该怎样对众生行慈呢？"

维摩诘居士答道："菩萨在如此观于众生后，应该这样自念：我应当向众生宣说这诸法皆空的义理，这就是行'真实慈'。应当向众生宣说一切诸法均无所生的义理，这就是行'寂灭慈'；为众生宣说断烦恼得清凉的方法，这就是行'不热慈'；为众生宣说三世本平等的思想，这就是行'平等慈'；向众生宣说人我平等、不起我执的思想，这就是行'无诤慈'；向众生宣说内外无别、平等无二的思想，这就是行'不二慈'；教化众生以真智照破一切烦恼惑障，体悟当体即是真常，这就是行'不坏慈'；教化众生心性不被烦恼惑障所破坏，使之固若金刚，这就是行'坚固慈'；教化众生体悟诸法自性清净、本不染垢，这就是行'清净慈'；教化众生体悟心如虚空、包容法界，这就是行'无边慈'；教化众生观空断惑、破除烦恼，这就是行'阿罗汉慈'；以众生之安乐为己任，这就是行'菩萨慈'；以诸法如如的思想教化众生，这就是行'如来慈'；以佛法的真理去觉悟众生，这就是行'佛之慈'；教化众生佛性乃本自具有、不从因得，这就是行'自然慈'；教化众生诸法如如、平等一味，这就是行'菩提慈'；教化众生断除一切怨亲差别、舍弃各种爱着，这就是行'无等慈'；劝导众生信奉大乘教法，这就是行'大悲慈'；教化众生观悟诸法皆空、无人无我，这就是行'无厌慈'；尽自己所知，一无遗漏地教给众生，这就是行'法施慈'；自己戒行清净，制止毁禁犯戒，这就是行'持戒慈'；没有人、我之执，止嗔忍辱，人我两护，这就是行'忍辱慈'；以救度众生出离生死为己任，永不懈怠，这就是行'精进慈'；虽然自己已入定而不贪着于三昧之境，这就是行'禅定慈'；了知时宜及众生根机，以无碍智慧教化众生，这就是行'智慧慈'；随缘示现，随机摄化，这就是行'方便慈'；心无隐曲，直心清净，这就是行'无隐慈'；心无杂念，信心坚固，直入佛法三昧之境，这就是行'深心慈'；以至诚真实之心行菩萨道，这就是行'无诳慈'；欲使一切众生都能进入佛的境界，与诸佛一样安乐，这就是行'安乐慈'。菩萨之行慈，就应该是这样。"

文殊菩萨又问："那什么叫作悲呢？"

维摩诘居士答道："菩萨能够把一切的功德、善行都与众生分享，这就是悲。"

"那什么叫作喜呢？"

答道："举凡有益众生的一切事，都能十分欢喜无悔。"

"那什么叫作舍呢？"

答道："一切修行作为，都不希求回报。"

文殊菩萨又问："众生处于生死道中，都是有所忧恼畏惧的，菩萨在生死道中，当以什么为依持呢？"

维摩诘居士答道："菩萨在生死道中，应当以如来功德之力为凭借和依靠。"

文殊菩萨又问道："菩萨欲依持如来功德之力，其心将安住于何处呢？"

答道："菩萨欲以如来功德力为依持，当把心安住于济度一切众生上。"

文殊菩萨又问："菩萨欲济度一切众生，应当除掉他们身上什么东西呢？"

答道："菩萨欲济度众生，应当除掉他们的烦恼。"

又问："菩萨欲除掉众生的烦恼，应当从何着手呢？"

答道："应当从'正念'着手。"

又问："如何才能做到'正念'呢？"

答道："应当把心念系于不生不灭之境界。"

又问："什么法不生？什么法不灭呢？"

答道："不善之法不生，善法不灭。"

又问："善与不善以什么为根本呢？"

答道："以五蕴身为根本。"

又问："五蕴身又以什么为根本呢？"

答道："以贪欲为根本。"

又问："贪欲又以什么为根本呢？"

答道："以虚妄分别为根本。"

又问："虚妄分别又以什么为根本呢？"

答道："以颠倒妄想为根本。"

又问："颠倒妄想又以什么为本源呢？"

答道："颠倒妄想以无所住着的执着之意为本源。"

又问："无所住着的执着之意又以什么为本源呢？"

答道："无所住着的执着之意就再没有什么本源了。文殊师利，从无所住着的执着之意立一切法。"

当时，在维摩诘居室中，有一天女见众天人都在听闻维摩诘居士与文殊菩萨对谈佛法，便现其身，并把许多天花散落于与会之诸菩萨及大弟子身上。当这些天花落至诸菩萨身上时，便纷纷堕落于地上，而当这些天花落至众大弟子身上时，便都沾在他们的身上，而掉不下来，尽管这些众大弟子们都用尽各种办法想把这些天花抖落下来，但都做不到。此时，天女便问舍利弗："你为什么要去掉此花？"

舍利弗答道："我们这些出家沙门身上带着这些花不太符合沙门的仪轨戒律，所以要去掉。"

天女说："你不要说出家沙门身上带着此花不符合沙门的仪轨戒律。为什么这么说呢？身上有无此花本来是没有区别的，是你自己妄生分别而已；如果严格按照佛教的义理说，心生分别妄想，这才是最不符合佛教的义理、仪轨的；只要心不生分别妄想，则是符合佛教的义理和仪轨。你可看看那些花一落到他们身上便掉地的菩萨们，就因为他们都已经断除一切分别妄想了。这有如人们一旦有所畏惧，那些鬼神便乘虚而入一样，你们这些小乘众因对生死轮回等有畏惧心理，因此外界之色、声、香、味、触等便时时都在诱惑着你们；至于那些已经无所畏惧者，外界的五欲淫乐等都拿他们无可奈何。举凡烦恼结未尽者，天花便着身不落，举凡烦恼结已经尽除者，天花一落到他们身上便掉地了。"

舍利弗说："你在此居室中，已待了多久啦？"

天女答道："我在此居室的时间，同你老修解脱道的时间一样长了。"

舍利弗道："你在这里待了这么久啦？"

天女道："你老得解脱的时间也不短啦。"

舍利弗听后，无言以对。

天女说："你老怎么默不作声啦，是不是因具大智慧而沉默不语啦？"

舍利弗道："解脱这东西，是很难用言语来表达的，所以我不知说什么才好。"

天女说："语言文字，都具解脱相。为什么这么说呢？所谓'解脱'，既不在内，也不在外，又不在内外之间，而文字也是这样，既不在内，也不在外，又不在内外之间。所以，舍利弗，不能离开语言文字说解脱道相。为什么这么说呢？因为一切诸法都具解脱相。"

舍利弗说："照这么说，难道连不断除贪嗔痴三毒者也算是解脱了。"

天女说："佛为那种犯有自高自大之增上慢者说必须断除贪嗔痴三毒者才得解脱，但对于那些不犯增上慢毛病者，佛说贪嗔痴三毒本身即具解脱相。"

舍利弗道："善哉，天女，你因何修行，证得什么道果，而具有这般辩才？"

天女道："我因为无修无证，才得以有如此之辩才。

为什么这么说呢？如果有所修证，那对于本性如如的佛法，恰好是犯了增上慢的毛病。"

舍利弗问天女："你于三乘中，立志于哪一方面呢？"

天女道："若遇到那些适于从声闻法得度者，我即现身为声闻；若遇那些适于从十二因缘法得度者，我即为辟支佛；若遇到那些适于从大乘法得度者，我即为大乘。舍利弗，这有如人们进入蕡萄林中，只嗅到蕡萄花之香，闻不到其他的香一样，如果人们进入此居室，也只能闻到佛陀的功德香，而再也闻不到声闻、辟支佛之功德香了。舍利弗，那帝释天、梵四天王、诸天龙鬼神等，如有进入此居室者，听闻维摩诘上人讲说大乘正法，都唯喜乐佛陀之功德香，离开此室时，都已发无上道心。

"舍利弗，我来此居室已有十二年，从来未曾听维摩诘居士讲演过声闻四谛法和辟支佛十二因缘法门，只是经常听到维摩诘居士在宣讲菩萨大慈大悲不可思议大乘佛法。

"舍利弗，此居室常有八种难得稀有的法象。有哪八种呢？一者此室常有金光照耀，昼夜无异，不因日月所照而明；二者入此室者，均不再被世间的尘垢烦恼所侵扰；三者帝释天王、梵天四天王及十方世界的众多大菩萨常会聚于此；四者此室中经常演说六种波罗蜜及种种不退转之法；五者此室常演奏天界人间第一美妙的音乐，常常充满十分动听的法化之音；六者此室有四大宝藏，积满各种珍宝，并常用以周济贫困众生，源源不尽；七者十方世界诸佛，如释迦牟尼佛、阿弥陀佛、阿閦佛、宝德佛、宝炎佛、宝月佛、宝严佛、难胜佛、师子响佛、一切利成佛等等，都会应此室主人维摩诘居士之心念前来示现说法，说法之后，重又离去；八者此室经常示现一切诸天美丽庄严的宫殿及十方诸佛净土。舍利弗，此室常现此八种稀有难得之法象，又有谁耳闻目睹过此等不可思议的法象之后，还再满足于声闻法呢！"

舍利弗便问那位天女，说："那么你为何不转变女身而现男人之相呢？"

天女答道："我十二年来，想看看原本之女人身相都找不到，又有什么女人身可转变呢！这有如魔术师变出了幻化之女人后，有人问他：'为什么不把幻化女变为男人相？'你认为这样问得对不对呢？"

舍利弗说："不对，幻化之人本无定相，又怎么转女身为男身呢！"

天女说："一切诸法，也都是这样，本来都是幻化之物，本无定相，怎么会问不转女身为男身呢！"说完此话后，天女即运用神通之力，把舍利弗变为女身，而把自己变为舍利弗，并对舍利弗说："你为何不转变为男身呢？"

此时，舍利弗以天女之相作答道："我现在甚至不知道怎么会变成女人身的。"

天女说："舍利弗，如果你现在能变为男人身相，那么，天下的女人也都可以转女人身为男人相。就像你舍利弗一样，本来就不是女人，但眼下却现女人之身，天底下的女人也都是这样，虽然现女人身相，但并非女人。所以，佛说一切诸法，非男非女。"之后，天女又收回神力，舍利弗即刻恢复原来的身相。

天女问舍利弗："你刚才所示现的天女身相，现在哪里去了？"

舍利弗答道："女人身相，既不存在又无所不在。"

天女说："诸法也都是这样，既不存在又无所不在。其实，诸法既不存在又无所不在，这正是佛陀的教导。"

舍利弗又问天女："你此生结束之后，将往生何处？"

天女答道："就像佛之化身那样，随类受生。"

舍利弗说："佛之化生，并没有死此生彼呀。"

天女说："众生也是这样，并没有死此生彼的现象。"

舍利弗又问："你须再经过多长时间才能证得无上正等正觉？"

天女答道："等到你舍利弗再变为凡夫俗子时，我就能证得无上正等正觉了。"

舍利弗说："我已证得阿罗汉果了，怎么还会变为凡夫呢？"

天女答道："我证得无上正等正觉也是这样，根本不可能。为什么这么说呢？因为无上正等正觉本身就不存在，所以也不可能有得无上正等正觉者在。"

舍利弗又问道："十方世界已证得无上正等正觉之佛多如恒河之沙，这又怎么说呢？"

天女答道："这都是世人玩弄文字游戏的结果，所以才有过去、现在、未来三世的说法，菩提哪有三世之分呢！"

天女又说："舍利弗，你已经证得阿罗汉道了吧？"

舍利弗答道："我因为无所得乃证得阿罗汉道。"

天女说："诸佛菩萨，也都是这样，因无所得而证得菩提的。"

此时，维摩诘居士对舍利弗说："这个天女已供养过九十二亿十方诸佛，对于菩萨的神通她都能任运自然，其愿行已满，并已得无生法忍，住于不退转之果位，因其济度一切众生的本愿，故随意示现于各界，以教化众生。"

佛道品第八

尔时，文殊师利问维摩诘言："菩萨云何通达佛道？"

维摩诘言："若菩萨行于非道，是为通达佛道。"

又问："云何菩萨行于非道？"

答曰："若菩萨行五无间[1]，而无恼恚；至于地狱，无诸罪垢；至于畜生，无有无明[2]憍慢等过；至于饿鬼[3]，而具足功德；行色、无色界道，不以为胜；示行贪欲，离诸染着；示行嗔恚，于诸众生无有恚碍；示行愚痴，而以智慧调伏其心；示行悭贪，而舍内外所有；不惜身命，示行毁禁，而安住净戒，乃至小罪犹怀大惧；示行嗔恚，而常慈忍；示行懈怠，而勤修功德；示行乱意，而常念定；示行愚痴，而通达世间出世间慧；示行谄伪，而善方便随诸经义；示行憍慢，而于众生犹如桥梁；示行诸烦恼，而心常清净；示入于魔，而顺佛智慧，不随他教；示入声闻，而为众生说未闻法；示入辟支佛，而成就大悲，教化众生；示入贫穷，而有宝手功德无尽；示入形残，而具诸相好，以自庄严；示入下贱，而生佛种性中，具诸功德；示入羸劣丑陋，而得那罗延④身，一切众生之所乐见；示入老病，而永断病根，超越死畏；示有资生，而恒观无常，实无所贪；示有妻妾妇女，而常远离五欲淤泥；现于讷钝⑤，而成就辩才，总持无失；示入邪济，而以正济度诸众生；现遍入诸道，而断其因缘；现于涅槃，而不断生死。文殊师利菩萨，能如是行于非道，是为通达佛道。"

于是，维摩诘问文殊师利："何等为如来种？"

文殊师利言："有身为种，无明有爱为种，贪恚痴⑥为种，四颠倒⑦为种，五盖⑧为种，六入为种，七识处⑨为种，八邪法为种，九恼处⑩为种，十不善道为种，以要言之，六十二见及一切烦恼皆是佛种。"

曰："何谓也？"

答曰："若见无为入正位者，不能复发阿耨多罗三藐三菩提心。譬如高原陆地，不生莲华；卑湿淤泥，乃生此华。如是见无为法入正位者，终不复能生于佛法；烦恼泥中，乃有众生起佛法耳。又如植种于空，终不得生；

粪壤之地，乃能滋茂。如是入无为正位者，不生佛法；起于我见如须弥山，犹能发于阿耨多罗三藐三菩提心，生佛法矣。是故当知，一切烦恼，为如来种，譬如不下巨海，不能得无价宝珠；如是不入烦恼大海，则不能得一切智宝。"

尔时，大迦叶叹言："善哉！善哉！文殊师利，快说此语，诚如所言，尘劳⑪之俦，为如来种。我等今者，不复堪任发阿耨多罗三藐三菩提心，乃至五无间罪，犹能发意，生于佛法。而今我等永不能发，譬如根败⑫之士，其于五欲不能复利。如是声闻诸结断者，于佛法中，无所复益，永不志愿。是故，文殊师利，凡夫于佛法有反复，而声闻无也。所以者何？凡夫闻佛法，能起无上道心⑬，不断三宝，正使声闻终身闻佛法、力、无畏等，永不能发无上道意。"

尔时，会中有菩萨名普现色身，问维摩诘言："居士，父母、妻子、亲戚、眷属、吏民、知识，悉为是谁？奴婢、僮仆、象马车乘，皆何所在？"于是，维摩诘以偈答曰：

智度菩萨母，方便以为父；
一切众导师，无不由是生。
法喜以为妻，慈悲心为女；

善心诚实男，毕竟空寂舍。

弟子众尘劳，随意之所转；
道品善知识，由是成正觉。

诸度法等侣，四摄为妓女；
歌咏诵法言，以此为音乐。

总持之园苑，无漏法林树；
觉意净妙华，解脱智慧果。

八解之浴池，定水湛然满；
布以七净华，浴此无垢人。

象马五通驰，大乘以为车；
调御以一心，游于八正路。

相具以严容，众好饰其姿；
惭愧之上服，深心为华鬘。

富有七财宝，教授以滋息；
如所说修行，回向为大利。

四禅为床座，从于净命生；
多闻增智慧，以为自觉音。

甘露法之食，解脱味为浆；
净心以澡浴，戒品为涂香。

摧灭烦恼贼，勇健无能逾；
降伏四种魔，胜幡建道场。

虽知无起灭，示彼故有生；

悉现诸国土，如日无不见。

供养于十方，无量亿如来；

诸佛及己身，无有分别想。

虽知诸佛国，及与众生空；

而常修净土，教化于群生。

诸有众生类，形声及威仪；

无畏力菩萨，一时能尽现。

觉知众魔事，而示随其行；

以善方便智，随意皆能现。

或示老病死，成就诸群生；

了知如幻化，通达无有碍。

或现劫尽烧⑭，天地皆洞然；

众人有常想，照令知无常。

无数亿众生，俱来请菩萨；

一时到其舍，化令向佛道。

经书禁咒术，工巧诸技艺；

尽现行此事，饶益诸群生。

世间众道法，悉于中出家；

因以解人惑，而不堕邪见。

或作日月天，梵王世界主；

或时作地水，或复作风火。

劫中有疾疫，现作诸药草；

若有服之者，除病消众毒。

劫中有饥馑，现身作饮食；

先救彼饥渴，却以法语人。

劫中有刀兵，为之起慈悲；

化彼诸众生，令住无诤地。

若有大战阵，立之以等力；

菩萨现威势，降伏使和安。

一切国土中，诸有地狱处；

辄往到于彼，勉济其苦恼。

一切国土中，畜生相食啖；

皆现生于彼，为之作利益。

示受于五欲，亦复现行禅；

令魔心愦乱，不能得其便。

火中生莲华，是可谓稀有；

在欲而行禅，稀有亦如是。

或现作淫女，引诸好色者；

先以欲钩牵，后令入佛智。

或为邑中主，或作商人导；

国师及大臣，以佑利众生。

诸有贫穷者，现作无尽藏^⑮；

因以劝导之，令发菩提心。

我心憍慢者，为现大力士；

消伏诸贡高⑯，令住无上道。

其有恐惧众，居前而慰安；

先施以无畏，后令发道心。

或现离淫欲，为五通仙⑰人；

开导诸群生，令住戒忍慈。

见须供事者，现为作僮仆；

既悦可其意，乃发以道心。

随彼之所须，得入于佛道；

以善方便力，皆能给足之。

如是道无量，所行无有涯；

智慧无边际，度脱无数众。

假令一切佛，于无数亿劫；

赞叹其功德，犹尚不能尽。

谁闻如是法，不发菩提心；

除彼不肖人，痴冥无智者。

注释

①**五无间**：即阿鼻地狱，为八大地狱之最苦处，众生随所造业堕此地狱，所受苦报永无间断。"五无间"指受苦无间、身形无间、罪器无间、众类无间、时间无间。

②**无明**：意为不能明了事物的真实相状及不能通达真理，为烦恼之异称。

③**饿鬼**：三恶道之一。

④**那罗延**：意译为人中力士，系古印度之大力神，在佛教典籍中，那罗延乃欲界中之天名，又称毗纽天。

⑤**讷钝**：为人木讷，反应迟钝，不善言说之谓。

⑥**贪恚痴**：即贪、嗔、痴三毒。

⑦**四颠倒**：即四种颠倒妄见。在佛典中，有两种四颠倒：一是凡夫四颠倒（亦称有为四颠倒），指世俗凡夫以无常为常，以无我为我，以不净为净，以苦为乐；二是二乘人之四颠倒（亦称无为四颠倒），指声闻、缘觉二乘人把涅槃之"常、乐、我、净"误认为"无常、无乐、无我、不净"。

⑧**五盖**：能盖覆人之心性使不生善的五种法：贪欲盖、嗔恚盖、睡眠盖、掉悔盖、疑惑盖。

⑨**七识处**：众生受生三界，其识所依住的七个处所：一是欲界的五道，二是色界的初禅天，三是色界的二禅天，四是色界的三禅天，五是无色界的空无边处，六是无色界的识无边处，七是无色界的无所有处。

⑩**九恼处**：即九种令人烦恼之处。依罗什解释，此九恼可分为过去、现在、未来三世，各世均有三：爱我怨家（爱所不当爱之人）、憎我知识（憎本当敬重之

人）、恼我己身（由自己之贪欲、过失所导致的苦恼），合三世则为九恼处。

⑪**尘劳**：烦恼的别称。

⑫**根败**：指根性已坏死，难以救治。

⑬**无上道心**：即求无上正等正觉之心。

⑭**劫尽烧**：佛教分世界的生灭变化为成、住、坏、空四劫，并认为于坏劫之末必起火灾，其时初禅天以下全为劫火所烧，天地洞然。

⑮**无尽藏**：本为寺院把信徒所供之钱财贷与他人，以其所得之利息等用作寺院之日常开支及救济世人，此处可作不尽的财富解。

⑯**贡高**：自以为是、自高自大的意思。

⑰**五通仙**：指得五种神通之仙人。

译文

其时，文殊师利菩萨问维摩诘居士："菩萨应该怎样才能进入佛的境地？"

维摩诘居士答道："菩萨投身于非清净道中，便是他们进入佛道的正确途径。"

文殊菩萨又问："菩萨应该怎样投身于非清净道中？"

维摩诘答道："如果菩萨置身于五无间罪业中而毫无

烦恼和嗔恚；置身于地狱之中，而毫无罪业和污垢；置身于畜生道中，而毫无无明、骄慢等过失；置身于饿鬼道中，而能具足一切功德；置身于色、无色界，而不以此为满足；置身于欲海之中，却不为各种贪欲所染垢；虽然示现嗔恚之相，但对众生却毫无嗔恨之意；虽然示现愚痴之相，却能以智慧修养身心；虽然示现贪悭之相，却能舍弃一切甚至于自己身家性命；虽然示现毁禁犯戒之相，却能安住清净律仪，乃至对于一点点小过失也惶怕不安；虽然示现嗔恚之相，却能常怀慈心和忍让；虽然示现懈怠之相，却能勤修种种功德善行；虽然示现心烦意乱、六神无主之相，却能住心于定境之中；虽然示现愚痴之相，却能通达一切世间、出世间之智慧；虽然示现诡伪之相，却能以种种善巧方便体现佛经的真实意义；虽然示现骄慢之相，却能如路石桥梁一样让众生踏着它进入佛道；虽然示现种种烦恼，内心却清净无垢；虽然示现入于魔道，实质上却随顺于佛道，而不为异端邪说所迷惑；虽然示现入于声闻乘，却能为众生说大乘法；虽然示现入于辟支佛乘，却能成就大悲宏愿，不断教化、济度十方众生；虽然示现贫穷之相，却有无尽财宝普济群生；虽然示现残疾之相，却具种种相好庄严；虽然示现下贱之相，却生而具有佛之种性，具有佛的种种功德；虽然示现瘦弱丑陋之相，却具有那罗延那样强壮的身体，为一切众生所乐见；虽然示现衰老病患之相，却已永断病根，超越生死的畏惧；虽然示现有种种世间的资生产业，却能念世间无常，一无所贪；虽然示现妻妾姬女成群，却能常离五欲污泥；虽然示现迟钝木讷之相，实际上却辩才无碍，能统摄佛法大义；虽然示现为用邪门左道救济众生，实际上却完全合乎佛法正道；虽然示现为遍入六道诸趣，实际上却能了断尘缘；虽然示现入于涅槃之境，实际上却能在生死轮回道中救济众生。文殊师利，菩萨若能这样置身于非清净道中，就能通达于佛道。"

接着，维摩诘居士反问文殊菩萨道："什么叫作如来种呢？"

文殊菩萨答道："色身即是如来种，无明爱欲即是如来种，贪嗔痴三毒即是如来种，执常乐我净'四颠倒'即是如来种，贪、嗔、睡眠、掉悔、疑惑'五盖'即是如来种，眼、耳、鼻、舌、身、意'六入'即是如来种，七种识住处即是如来种，八种邪法即是如来种，九种烦恼所在处即是如来种，十不善道即是如来种，要而言之，六十二种邪见及一切烦恼都是如来种。"

维摩诘居士又问道："这又怎么说呢？"

文殊菩萨答道："若像小乘那样见无为理而入涅槃者，即不能再发无上道心了，这有如在高原陆地上不能长出莲花而只有在卑湿的污泥中，才能长出莲花一般。像小乘众那样见无为理而入于涅槃正位者，终究不能再从佛法中出死入生，再去与众生同流，而只有在充满烦恼的众生中，佛法才有落脚处。又如在空中播下种子，什么也长不出来，而如果在粪壤之中播下种子，就能出芽生长。正因为这样，见无为理而入于涅槃正位者，不能再生上妙的佛法，而那些我见执着如须弥山者，则能发起无上道心，生起上妙佛法。所以应当懂得，一切烦恼即是如来种，这有如若不亲下大海，终难获取宝珠，如果不入于烦恼大海，也不能获取佛教的无上妙法。"

听了文殊菩萨的这一番话后，大迦叶赞叹道："善哉！善哉！文殊师利，你这一番话说得多么的淋漓痛快啊，确实如你所说的，一切尘劳烦恼，即是如来种，我们这些小乘众，再也不能发起无上道心了，而那些哪怕是堕于五无间罪业者，尚能发意进入佛道，而我们这些声闻众却不能，有如一株根已败坏之枯树，对于五欲等已不能再利用享受了。像我们这些声闻众虽然一切烦恼都已断尽，但于佛法中却不能再得利益，永远失去了上求菩提、下化众生的大悲誓愿。所以，文殊师利，凡夫俗子对于佛法虽然有时烦恼缠身，但却有进入佛道的希望，而我们这些声闻众却永无进入佛道的希望了。为什么这么说呢？凡夫俗子若经听闻佛法，能够发起无上道心，使佛法僧三宝不至于断绝，而我们这些声闻众即使终身听闻佛法，知晓佛有十力、四无所畏等大神通力，却仍不能发心进入佛道。"

其时，与会者中有一名叫普现色身的菩萨询问维摩诘居士："居士，您所谓的父母妻子、亲戚眷属、官吏平民、教师朋友等等，究竟是些什么样的人呢？还有，那奴仆婢女、象马车乘等，又都在哪里呢？"于是，维摩诘居士便以偈颂回答他：

般若智慧即是菩萨之母，善巧方便即是菩萨之父；

一切世间、出世间的导师，都无非是由智慧和方便而生。

证悟佛法之喜乐是妻妾，大慈悲心是女儿；

善心诚实是我亲生子，毕竟空便是我的居室。

世间的尘劳烦恼即是我的弟子，随心所欲加以调伏；

三十七道品是我的教师，因它而成无上正觉。

六波罗蜜是我的朋友，四摄之法即是歌舞伎；

种种清音皆是法语，我以它为上等的音乐。

统摄诸法为园苑，无漏之法为林树；

觉悟是美妙之花，解脱是智慧之果。

八解脱门是我洗澡之浴池，池中注满清澈湛然禅定水；

七种莲花布满池中，入此浴则能身无垢染。

五种神通如象马奔驰，大乘佛法是高广之车；

御者驾车心一如入定，驰骋于八正道上。

三十二种瑞相庄严我容，八十种好美饰我身；

惭愧心是我漂亮的上服，深切道心是我美丽的花鬘。

具有信、戒、惭等七种法财，教化众生以此为生计；

如我所说精进修行，回向众生使其受大利。

四禅是我的坐床，一切道行都是从正当生活中产生；

多闻博学增长智慧，并以此作为自己觉悟的法音。

如甘露之法以为食，以解脱之法为琼浆；

清净心洗去我尘俗之污垢，清净戒让我饱受清香之熏陶。

摧灭种种烦恼结贼，勇猛刚健无与伦比；

障道四魔皆被我降伏，扬起旗幡建殊胜道场。

虽然知晓法本无生灭，为随机示教故说有生；

以神通力示现各种国土，使它如日中天无人

不见。

虔诚供养十方界，无量亿数佛如来；

诸佛之身即己身，不于此中作分别想。

虽然深知诸佛国土及众生，都是空无自相；

又能常修各种净土，以此教化芸芸众生。

三界一切有情众生，音容笑貌威仪举止各不相同；

具十力四无畏之菩萨，却都能一一示现。

善知诸魔所作所为，且能任运随其所行；

以种种善巧方便智，随意随机一一示现。

或者示现老病死诸相，以使众生深切知晓人生皆苦；

了解人生乃至诸法如同幻化，这样就能出离苦海通达法界。

或者示现劫末之熊熊大火，把天地烧得荡然无存；

使那些对世间存有常态之想的人，了达一切诸法本是变幻无常的。

无量亿数的众生，都来礼请菩萨；

菩萨则以神通力分身到众人家，使各类众生都转向佛道。

各类经书、禁语、咒术，还有诸般技巧都十分精通；

为了饶益各类众生，一一现身于各行业之中。

世间的道法各异，菩萨常随缘示现其中；

随应所需解人之惑，但自己从不堕入外道邪见。

有时化身为日、月、诸天，有时化身为梵王、世界主；

有时化身为大地与海洋，有时化身为狂风与烈火。

世间劫难之时多疾疫，随时示现各种治病之良药；

若有众生服此药，诸病尽除得痊愈。

劫难之时多饥馑，随机示现众食物；

先以饮食救饥渴，再以法语来开示。

劫难之时多战乱，菩萨为之起慈悲；

教化世间诸众生，令得和解不争斗。

若遇两军布战阵，菩萨即以等持力；

再现无畏大威神，令化干戈为玉帛。

十方世界诸国土，还有无间地狱处；

菩萨随机各示现，为其救苦解倒悬。

十方世界诸国土，若有畜生互相残；

菩萨随机各示现，使其离苦出恶道。

有时示现五欲乐，欲乐之境作禅堂；

令诸魔众心愦乱，不能作恶逞其便。

大火之中生莲花，可谓世间稀罕事；

欲乐之境作禅堂，同为世间所罕有。

有时化身为妓女，引诱诸好色之徒；

先以淫欲来钩牵，再令觉悟入佛智。

有时化身为官长，有时化身为商贾；

有时化身为大臣，皆为利益众群生。

若遇贫困潦倒汉，即现财富以赈济；

再以佛法以诱导，令其萌发菩提心。

若遇贡高骄慢者，即现无上大力士；

首先摧伏其傲气，再引他修无上道。

若遇惶惶不安者，上前抚慰令心安；

进而加以无畏施，再令发无上道心。

有时示现断淫欲，化作五通之仙人；

谆谆诱导诸众生，令持戒忍发慈心。

若遇急需帮助者，即为化身为僮仆；

先使主人心欢喜，再令发无上道心。

随顺众生之所需，逐一引之入佛道；

假以种种方便力，众生之愿皆满足。

如是法门无限量，所积善缘广无边；

以无限量之佛智，济度众生无量亿。

即便十方一切佛，历尽无数亿大劫；

称颂赞叹其功德，犹恐难以全道完。

谁人闻了如是法，不即萌发菩提心？

除非确顽冥不肖，以及愚痴无智人。

入不二法门品第九

尔时，维摩诘谓众菩萨言："诸仁者！云何菩萨入不二法门^①？各随所乐说之。"

会中有菩萨名法自在，说言："诸仁者，生灭为二，法本不生，今则无灭，得此无生法忍^②，是为入不二法门。"

德守菩萨曰："我、我所为二，因有我故，便有我所；若无有我，则无我所，是为入不二法门。"

不眴菩萨曰："受、不受为二，若法不受，则不可得；以不可得故，无取无舍，无作无行，是为入不二法门。"

德顶菩萨曰："垢、净为二，见垢实性，则无净相，顺于灭相，是为入不二法门。"

善宿菩萨曰："是动、是念为二，不动则无念，无念即无分别，通达此者，是为入不二法门。"

善眼菩萨曰："一相、无相为二，若知一相即是无相，亦不取无相，入于平等，是为入不二法门。"

妙臂菩萨曰："菩萨心、声闻心为二，观心相空如幻化者，无菩萨心，无声闻心，是为入不二法门。"

弗沙菩萨曰："善、不善为二，若不起善不善，入无相际而通达者，是为入不二法门。"

师子菩萨曰："罪、福为二，若达罪性，则与福无异，以金刚慧③，决了此相，无缚无解者，是为入不二法门。"

师子意菩萨曰："有漏、无漏为二，若得诸法等，则不起漏不漏想，不着于相，亦不住无相，是为入不二法门。"

净解菩萨曰："有为、无为为二，若离一切数，则心如虚空，以清净慧，无所碍者，是为入不二法门。"

那罗延菩萨曰："世间、出世间为二，世间性空，即是出世间，于其中不入不出，不溢不散，是为入不二法门。"

善意菩萨曰："生死、涅槃为二，若见生死性，则无生死，无缚无解，不然不灭，如是解者，是为入不二法门。"

现见菩萨曰："尽、不尽为二，法若究竟，尽若不尽，皆是无尽相，无尽相即是空，空则无有尽不尽相，如是入者，是为入不二法门。"

普守菩萨曰："我、无我为二，我尚不可得，非我何可得？见我实性者，不复起二，是为入不二法门。"

电天菩萨曰："明、无明为二，无明实性即是明，明亦不可取，离一切数，于其中平等无二者，是为入不二法门。"

喜见菩萨曰："色、色空为二，色即是空，非色灭空，色性自空；如是受、想、行、识，识空为二，识即是空，非识灭空，识性自空；于其中而通达者，是为入不二法门。"

明相菩萨曰："四种异、空种异④为二，四种性即是空种性，如前际后际空，故中际亦空，若能如是知诸种性者，是为入不二法门。"

妙意菩萨曰："眼、色为二⑤，若知眼性于色不贪、不恚、不痴，是名寂灭；如是耳声、鼻香、舌味、身触、意法为二；若知意性于法，不贪、不恚、不痴，是名寂灭，安住其中，是为入不二法门。"

无尽意菩萨曰："布施、回向一切智为二，布施性即是回向一切智性，如是持戒、忍辱、精进、禅定、智慧回向一切智为二；智慧性即是回向一切智性，于其中入一相者，是为入不二法门。"

深慧菩萨曰："是空、是无相、是无作为二，空即无相，无相即无作。若空无相无作，则无心意识⑥，于一解脱门，即是三解脱门者，是为入不二法门。"

寂根菩萨曰："佛、法、众为二，佛即是法，法即是众，是三宝皆无为相，与虚空等；一切法亦尔，能随此行者，是为入不二法门。"

心无碍菩萨曰："身、身灭为二，身即是身灭。所以者何？见身实相者，不起见身及见灭身，身与灭身，无二无分别，于其中不惊、不惧者，是为入不二法门。"

上善菩萨曰："身、口、意善为二，是三业皆无作相。身无作相，即口无作相；口无作相，即意无作相；是三业无作相，即一切法无作相。能如是随无作慧者，是为入不二法门。"

福田菩萨曰："福行、罪行、不动行为二，三行实性即是空，空则无福行，无罪行，无不动行，于此三行而不起者，是为入不二法门。"

华严菩萨曰："从我起二⑦为二，见我实相者，不起二法。若不住二法，则无有识；无所识者，是为入不二法门。"

德藏菩萨曰："有所得相为二，若无所得，则无取舍；无取舍者，是为入不二法门。"

月上菩萨曰："暗与明为二，无暗无明，则无有二。

所以者何？如入灭受想定，无暗无明。一切法相，亦复如是，于其中平等入者，是为入不二法门。"

宝印手菩萨曰："乐涅槃、不乐世间为二，若不乐涅槃不厌世间，则无有二。所以者何？若有缚，则有解；若本无缚，其谁求解？无缚无解，则无乐厌，是为入不二法门。"

珠顶王菩萨曰："正道、邪道为二，住正道者，则不分别是邪是正，离此二者，是为入不二法门。"

乐实菩萨曰："实、不实为二，实见者尚不见实，何况非实？所以者何？非肉眼所见，慧眼⑧乃能见；而此慧眼，无见无不见，是为入不二法门。"

如是诸菩萨各各说已，问文殊师利："何等是菩萨入不二法门？"

文殊师利曰："如我意者，于一切法，无言无说，无示无识，离诸问答，是为入不二法门。"

于是，文殊师利问维摩诘："我等各自说已，仁者当说，何等是菩萨入不二法门？"

时，维摩诘默然无言。文殊师利叹曰："善哉！善哉！乃至无有文字语言，是真入不二法门。"

说是入不二法门品时，于此众中五千菩萨皆入不二法门，得无生法忍。

注释

①**不二法门**：指超越一切对待和差别的教法，由它能直了见性、直达圣境。

②**无生法忍**：悟得诸法不生不灭之理，是为无生法忍。

③**金刚慧**：指通达实相之理而能破除诸相的智慧。

④**四种异、空种异**："四种异"即地、水、火、风四大种，此为现象界之有；"空种异"即空性。四大与空二而不二。

⑤**眼、色为二**：眼为根，色为境，根境合而识生。此二者既相对待，又是二而不二的。

⑥**心意识**："心"集起义，"意"思量义，"识"了别义，作用不同，其体则一。在唯识学中，"心"为阿赖耶识，"意"为末那识，"识"为前六识（即眼识、耳识、鼻识、舌识、身识、意识）。

⑦**从我起二**：因有我执，便有种种与我相对之物，故为二。

⑧**慧眼**：指智慧之眼，为二乘所证之眼。了知诸法平等、性空之智慧，故称慧眼。因其照见诸法真相，故能度众生至彼岸。

译文

其时，维摩诘居士对众菩萨说："诸位大德，什么是菩萨入不二法门呢？各位谈谈自己的看法。"

与会者中有位名叫法自在的菩萨首先发言，他说："诸位大德，生与灭为二，诸法本来不生，现也不灭，证得此诸法不生不灭之理者，就是入不二法门。"

德守菩萨接着说："我与我之所有为二，因为执着实在之'我'，便产生了与之相对待之'我之所有'；如果能悟得自我并非真实存在的，也就没有我之所有了，这就是入不二法门。"

不眴菩萨又说："对外境之领纳与不领纳为二，若不领纳诸外境，则诸法不可得，因其不可得，故无取无舍、无作无行，这就是入不二法门。"

德顶菩萨说："清净与垢染为二，若能领悟垢染之性本空，也就不存在离垢得净的问题了，领悟了诸法无垢无净的寂灭相，这就是入不二法门。"

善宿菩萨说："惑心生起是动，心思运作是念，心意如不生起，也就不会有念，无念则无分别，体悟此中真谛者，就是入不二法门。"

善眼菩萨说："事物各有一相，但各种事物究其实际，都性空而无相，一相与无相相对而言为二。如果懂得一相即是无相，同时也不执着无相，入于平等法门，这就是入不二法门。"

妙臂菩萨说："菩萨心与声闻心相对待为二，如果懂得心相本空，如同幻化，即既无菩萨心，也无声闻心，这就是入不二法门。"

弗沙菩萨说："善与不善相对待为二，如果懂得善与不善乃是妄心分别的结果，了达善与不善乃至一切诸法的实质都是空而无相，这就是入不二法门。"

师子菩萨说："罪业与福报相对待为二，如果懂得罪业的本性与福报的本性都是空的，以金刚智慧了达二者本无差异，从而懂得本无被缚者，也无解脱者，这就是入不二法门。"

师子意菩萨说："有漏法与无漏法相对待为二，若了达一切诸法平等一如，则不起漏与不漏的念头，不执着于漏无漏相，乃至不执着于空无之相，这就是入不二法门。"

净解菩萨说："有为法、无为法相对待为二，如果能够弃除一切法数的差别相，则心如虚空，以清净智慧观察诸法，则一切如平等无碍，这就是入不二法门。"

那罗延菩萨说："世间、出世间相对待为二，世间之本质乃空，即是出世间，于此二者不出不入，不增不减，这就是入不二法门。"

善意菩萨说："生死与涅槃相对待为二，若能洞见生死之性本空寂，既无生死之缠缚，也无涅槃之解脱，既不入生死道，也不入涅槃境，能如此观察和对待生死与涅槃者，就是入不二法门。"

现见菩萨说："烦恼尽与烦恼不尽相对待为二，从究竟的意义上说，烦恼尽与烦恼不尽没有什么本质的差别，都具无尽之相。无尽相即是空，既是空，则没有尽与不尽的差别。能够这样悟入者，就是入不二法门。"

普守菩萨说："'我'与'无我'相对待为二，'我'本来就是虚幻不实的，就更没有所谓'无我'，'我'之实性即是空性，能这样理解者，就不会把'我'与'无我'对立起来，这就是入不二法门。"

电天菩萨说："明与无明相对待为二，无明实性即是空性，明的本性也是空，故二者平等一如，了无差别，能这样悟入者，就是入不二法门。"

喜见菩萨说："色与色空相对待为二，色的本性即是空，并非色灭之后才是空，色的自性就是空，受、想、行、识也是这样，识与识空相对待为二，但识的本性即是空，并非识灭之后才是空。能够这样去观察和看待色与空和受、想、行、识与空的相互关系者，就是入不二法门。"

明相菩萨说："地、水、火、风与虚空相对待为二，但四大本性即空，四大不管在产生前还是在散灭后，或者在产生与散灭之间，其本性都是空，若能这样去观察、看待四大，就是入不二法门。"

妙意菩萨说："眼根之与色尘，相对待为二，如果眼根不为外界之色尘所染着、所烦扰、所迷惑，即称为寂灭。耳根与声尘、鼻根与香尘、舌根与味尘、身根与触尘、意根与法尘等也是这样，既相对待为二，但只要不为后者所染着、所烦扰、所迷惑，即称为寂灭。能这样去看待六根与六尘的关系，就是悟入不二法门。"

无尽意菩萨说："布施与回向一切智虽相对待为二，但布施的本质就是回向一切智。持戒、忍辱、精进、禅定、般若慧与一切智的关系也是这样，都是二而一，一而二的，若能这样去看待六度与一切智的关系，就是悟入不二法门。"

深慧菩萨说："空、无相、无作虽各个相对待为二，但空即是无相，即是无作。如果能了达空即是无相，既是无作，就不会对心、意、识妄生分别，就能于任一解脱门得三种解脱，具备这种认识的人，就是悟入不二法门。"

寂根菩萨说："佛法僧三宝，虽各各相对待为二，但佛即是法，法即是僧，此三宝皆空而无相，与虚空毫无二致，对于世间一切法若能都这样去认识，即是悟入不二法门。"

心无碍菩萨说："色身与入灭虽相对待为二，但色身本具涅槃性。为什么这么说呢？因为如果能够洞达色身之实相者，即不会生起色身及入灭之见，色身与入灭是无二无别的，对于生死与涅槃都能做到不忧不惧者，就是悟入不二法门。"

上善菩萨说："身口意三业虽各各相对为二，但三业都无造作相。身无造作相，即口无造作相，口无造作相，即意无造作相，所以三业均无造作相，三业均无造作相，即一切法均无造作相，能够如此看待三业乃至一切诸法者，就是悟入不二法门。"

福田菩萨说："福行、罪行、不动行虽各个相对待为二，但三行之本性都是空，既是空，则无所谓福、罪及不动行之区分，对此三行能不起虚妄分别心，就是入不二法门。"

华严菩萨说："从我起二者，世间诸法，皆有对待，因为有我见，就有彼我相对为二。在'我'生起时，能反观自照就是见我实相；实相无相，也无不相，所以不起二法。如果能常住实相，就不住二法；无二就不起分别，不起分别，就没有识；没有识，就入于不二法门。"

德藏菩萨说："有所得与我相对待为二，如果不虚妄分别我与我之所得，则不会有所取舍，既不会有所取舍，就是悟入了不二法门。"

月上菩萨说："暗与明相对为二，如果不存在暗，也无所谓明，从这个意义上说，暗与明本来无二。为什么呢？如果能证入无灭想定的境界，也就不会有暗与明的分别了，一切诸法，也是这样，能够平等一如地看待一切法，就是悟入了不二法门。"

宝印手菩萨说："喜乐涅槃与不喜乐世间虽相对待为二，但若能不乐涅槃不厌离世间，二者就无所分别了。为什么这么说呢？因为有所束缚，才会有解脱一说；如果本来就无束缚，哪来的解脱！既无束缚与解脱存在，也就无所谓喜乐涅槃与厌离世间的分别了，能如此，则悟入不二法门。"

珠顶王菩萨说："正道与邪道相对待为二，但如果能够切实安住于正道，也就无所谓正道与邪道之分别了，抛弃对正道与邪道的虚妄分别，就是悟入不二法门。"

乐实菩萨说："真实与不真实相对待为二，但所谓真实者，它本来就不具有实性，而是虚幻不实的，真实既是这样，不真实更不用说了。为什么这么说呢？所谓真实，乃不是肉眼所能看得见的，而是慧眼才能看得见。而所谓慧眼，是既无所见又无所不见的，能够这样去认识，就是悟入不二法门。"

就这样，各位菩萨都一一说了自己的看法，接着，维摩诘居士就问文殊菩萨："那么你说说看，究竟什么是入不二法门？"

文殊菩萨说："在我看来，对一切法都不妄加分别，不妄加言说，甚至于远离一切问答，这就是入不二法门。"

接着，文殊菩萨对维摩诘居士说："我们都分别对入不二法门谈了自己的见解，你老不妨也谈谈自己对入不二法门的看法，如何？"

维摩诘居士听了文殊菩萨的话后，却默不作声。文殊菩萨赞叹地说："善哉！善哉！直接放弃一切语言文字，连'不可说'也不说，这才是真正的入不二法门啊！"

就在这议论什么是入不二法门的过程中，与会的五千位菩萨皆悟入了不二法门，达到了体证诸法不生不灭的境界。

3 卷下

香积佛品第十

于是舍利弗心念："日时欲至，此诸菩萨当于何食？"

时，维摩诘知其意而语言："佛说八解脱，仁者受行，岂杂欲食而闻法乎？若欲食者，且待须臾，当令汝得未曾有食。"时，维摩诘即入三昧，以神通力，示诸大众上方界分，过四十二恒河沙佛土，有国名众香，佛号香积，今现在。其国香气，比于十方诸佛世界人天之香，最为第一。彼土无有声闻、辟支佛名，唯有清净大菩萨众，佛为说法。其界一切，皆以香作楼阁，经行香地，苑园皆香。其食香气周流十方无量世界。时，彼佛与诸菩萨，方共坐食。有诸天子，皆号香严，悉发阿耨多罗三藐三菩提心，供养彼佛，及诸菩萨。此诸大众，莫不目见。

时，维摩诘问众菩萨："诸仁者，谁能致彼佛饭？"以文殊师利威神力故，咸皆默然。

维摩诘言："仁此大众，无乃可耻！"

文殊师利曰："如佛所言，勿轻未学。"于是维摩诘不起于座，居众会前，化作菩萨，相好光明，威德殊胜，蔽于众会，而告之曰："汝往上方界分，度如四十二恒河沙佛土，有国名众香，佛号香积，与诸菩萨方共坐食，汝往到彼，如我词曰：'维摩诘稽首世尊足下，致敬无量，问讯起居，少病少恼，气力安不？愿得世尊所食之余，当于娑婆世界①施作佛事，令此乐小法者，得弘大道，亦使如来名声普闻。'"

时，化菩萨即于会前，升于上方，举众皆见其去。到众香界，礼彼佛足，又闻其言："维摩诘稽首世尊足下，致敬无量，问讯起居，少病少恼，气力安不？愿得世尊所食之余，欲于娑婆世界施作佛事，使此乐小法者，得弘大道，亦使如来名声普闻。"

彼诸大士，见化菩萨，叹未曾有："今此上人，从何所来？娑婆世界，为在何许？云何名为乐小法者？"即以问佛。佛告之曰："下方度如四十二恒河沙佛土，有世界名娑婆，佛号释迦牟尼，今现在。于五浊恶世，为乐小法众生，敷演道教②。彼有菩萨，名维摩诘，住不可思议解脱，为诸菩萨说法，故遣化来，称扬我名，并赞此土，令彼菩萨增益功德。"彼菩萨言："其人何如，乃作是化，德力无畏，神足若斯？"佛言："甚大！一切十方，皆遣化往，施作佛事，饶益众生。"于是香积如来，以众香钵，盛满香饭，与化菩萨。时，彼九百万菩萨俱发声言："我欲诣娑婆世界，供养释迦牟尼佛，并欲见维摩诘等诸菩萨众。"

佛言："可往，摄汝身香，无令彼诸众生起惑着心；又当舍汝本形，勿使彼国求菩萨者，而自鄙耻；又汝于彼，莫怀轻贱，而作碍想。所以者何？十方国土，皆如虚空；又诸佛为欲化诸乐小法者，不尽现其清净土耳。"

时，化菩萨既受钵饭，与彼九百万菩萨俱，承佛威神，及维摩诘力，于彼世界，忽然不现。须臾之间，至维摩诘舍。时，维摩诘即化作九百万师子之座，严好如前，诸菩萨皆坐其上。时，化菩萨以满钵香饭与维摩诘。饭香普薰毗耶离城，及三千大千世界。时，毗耶离婆罗门居士等，闻是香气，身意快然，叹未曾有。于是长者主月盖从八万四千人，来入维摩诘舍，见其室中菩萨甚多，诸师子座高广严好，皆大欢喜。礼众菩萨及大弟子，却住一面；诸地神、虚空神，及欲色界诸天，闻此香气，亦皆来入维摩诘舍。

时，维摩诘语舍利弗等诸大声闻："仁者可食，如来甘露味饭，大悲所薰，无以限意食之，使不消也。"有异声闻，念是饭少，而此大众，人人当食。化菩萨曰："勿以声闻小德小智，称量如来无量福慧；四海有竭，此饭无尽；使一切人食，抟③若须弥，乃至一劫，犹不能尽。所以者何？无尽戒、定、智慧、解脱、解脱知见④功德具足者所食之余，终不可尽。"于是钵饭悉饱众会，犹故不㑩⑤。其诸菩萨、声闻、天人，食此饭者，身安快乐，譬如一切乐庄严国诸菩萨也。又诸毛孔皆出妙香，亦如众香国土诸树之香。

尔时，维摩诘问众香菩萨："香积如来以何说法？"彼菩萨曰："我土如来，无文字说，但以众香，令诸天人，得入律行。菩萨各各坐香树下，闻斯妙香，即获一切德藏三昧⑥。得是三昧者，菩萨所有功德，皆悉具足。"彼诸菩萨问维摩诘："今世尊释迦牟尼，以何说法？"

维摩诘言："此土众生，刚强难化，故佛为说刚强之语，以调伏之。言是地狱，是畜生，是饿鬼，是诸难处，是愚人生处，是身邪行，是身邪行报；是口邪行，是口邪行报；是意邪行，是意邪行报；是杀生，是杀生报；是不与取，是不与取报；是邪淫，是邪淫报；是妄语，是妄语报；是两舌，是两舌报；是恶口，是恶口报；是无义语，是无义语报；是贪嫉，是贪嫉报；是嗔恼，是嗔恼报；是邪见，是邪见报；是悭悋，是悭悋报；是毁戒，是毁戒报；是嗔恚，是嗔恚报；是懈怠，是懈怠报；

是乱意，是乱意报；是愚痴，是愚痴报；是结戒，是持戒，是犯戒；是应作，是不应作；是障碍，是不障碍；是得罪，是离罪；是净，是垢；是有漏，是无漏；是邪道，是正道；是有为，是无为；是世间，是涅槃。以难化之人，心如猕猴故，以若干种法，制御其心，乃可调伏。譬如象马，恍悷⑦不调，加诸楚毒，乃至彻骨，然后调伏。如是刚强难化众生，故以一切苦切之言，乃可入律。"

彼诸菩萨闻说是已，皆曰："未曾有也！如世尊释迦牟尼佛，隐其无量自在之力，乃以贫所乐法，度脱众生。斯诸菩萨，亦能劳谦，以无量大悲，生是佛土。"

维摩诘言："此土菩萨，于诸众生，大悲坚固，诚如所言。然其一世饶益众生，多于彼国百千劫行。所以者何？此娑婆世界，有十事善法⑧，诸余净土之所无有。何等为十？以布施，摄贫穷；以净戒，摄毁禁；以忍辱，摄嗔恚；以精进，摄懈怠；以禅定，摄乱意；以智慧，摄愚痴；说除难法，度八难者；以大乘法，度乐小乘者；以诸善根，济无德者；常以四摄，成就众生。是为十。"

彼菩萨曰："菩萨成就几法，于此世界行无疮疣，生于净土？"

维摩诘言："菩萨成就八法，于此世界行无疮疣，生于净土。何等为八？饶益众生而不望报；代一切众生受诸苦恼，所作功德尽以施之；等心众生，谦下无碍；于诸菩萨，视之如佛；所未闻经，闻之不疑；不与声闻而相违背；不嫉彼供，不高己利，而于其中调伏其心；常省己过，不讼彼短；恒以一心求诸功德。是为八法。"

维摩诘、文殊师利于大众中说是法时，百千天人，皆发阿耨多罗三藐三菩提心，十千菩萨，得无生法忍。

注释

①**娑婆世界**：即我们所居住的世界。娑婆，堪忍义，意谓此界众生堪忍诸苦，故名。

②**道教**：此指佛道之教法。

③**抟**：即把食物搓成团。

④**戒、定、智慧、解脱、解脱知见**：此即"无漏五蕴"或"五分法身"，是佛及阿罗汉所具备的五种功德。

⑤**偒**：尽的意思。

⑥**一切德藏三昧**："三昧"即"定"，一切德藏三昧，即由功德门而入之定，具足一切功德之定。

⑦**恍悷**：凶狠暴戾的意思。

⑧**十事善法**：十种为善的方法。

译文

其时，舍利弗心里在想：已经快到中午时间了，这么多菩萨到哪里吃饭呢？

维摩诘居士立即知道舍利弗心里所想的，便对他说："佛陀曾以八解脱法门教导你们，你们应该清心奉行才是，怎么在听闻佛法时一心想着世俗的饮食呢？如果真想饮食，请再稍等一会儿，我可以让你等吃到从来未吃过的东西。"接着，维摩诘居士便运用神通力，向与会大众示现了上方世界的一番景象：在这世界过四十二恒河沙佛土的地方，有一佛国名众香，其佛号香积，如今还在。其国之香气比十方世界任一地方都殊胜。其佛国没有声闻、辟支佛，尽是些清净大菩萨，佛在为他们演说佛法。此佛国一切皆香，所有的楼阁都是以香木做成，菩萨们经行所到之处，都香气四溢，他们的饮食香气袭人，散发至十方无量世界。当时，香积佛正与诸菩萨一起进食，有许多称为香严的天人，都已经萌发了无上道心，在那里供养着香积佛和众菩萨。此一景象，与会的诸大众都亲眼目睹。

当时，维摩诘居士就问众菩萨："诸位大德，有哪位能前往彼佛国取一些饭食来此供大家享用。"因为文殊菩萨在场，大家都为其威神力所摄，默不作声。

维摩诘居士便说："这么多的仁人大士，竟没有人敢去香积佛国取饭食，这不是有些丢脸吗？"

文殊菩萨听维摩诘居士这么一说，便回答道："正如佛陀所说，不要轻视了那些初学者。"于是，维摩诘居士身不离座，就以神通力在与会大众面前化现出一个法相庄严、光芒四射的菩萨来，并对他说："你去吧，从这里往上过四十二恒河沙佛土，有一国号名众香，其佛号香积，现正在与诸菩萨进食，你到那里之后，就这么说：'维摩诘居士向你顶礼致敬，问候你的起居，祝你康泰吉祥、身心安乐。并希望世尊把你们吃剩下的饭食施舍一些给娑婆世界做佛事，让那些本来耽于小乘的声闻、辟支佛等，能够转归大乘，也使世尊如来之名号远播寰宇。'"

当时，这位化身菩萨就在与会诸大众面前腾空而起，诸大众都亲眼看见往上飞去。那位化身菩萨到了众香国，顶礼佛足后，就对香积佛说："维摩诘居士向世尊顶礼致敬，问候你的起居，并祝你康泰吉祥、身心安乐。他老人家希望世尊能把你们吃剩的饭食，施舍一些给娑婆世界做佛事，让那些本来耽于小乘的声闻、辟支佛等能转归大乘，也可使世尊之名号远播寰宇。"

当时，香积佛座前的诸大众，见此化身菩萨，都不胜惊讶赞叹前所未见，说："这位菩萨，是从哪里来的？其所说的娑婆世界，究竟在什么地方？怎么会有喜乐小乘者？"他们就问香积佛，香积佛回答说："从这往下过四十二恒河沙佛土，有一国土称为娑婆世界，其佛号释迦牟尼，如今还在。他在那五浊恶世中以佛法教化那些喜乐小乘的众生。在那世界里，有一位居士名叫维摩诘，已经达到不可思议解脱境界，现正在为众菩萨说法，特地派遣这位化身菩萨前来称扬我的名号，并赞颂我众香佛土，以此使那里的众菩萨更增长信心与功德。"香积佛座前的菩萨又问道："那位维摩诘居士是何许人也？竟变出这样一位化身菩萨来到这么远的地方，其功德神通可真不小！"香积佛说："维摩诘居士之功德神通确实非同一般，十方世界一切国土，他都能往来无碍，他广做各种佛事，以饶益救济群生。"说完此话后，香积佛就以香钵盛满香饭，给了这位化身菩萨。当时在座的九百万位菩萨齐声说道："我们也想前往娑婆世界去供养释迦牟尼佛，并探望这位维摩诘居士及那里的众菩萨。"

香积佛说："去吧！但必须暂时收敛一下你们身上的香气，以免使这般的香气迷住了那里的众生，使他们起迷恋之意；再者，也须稍稍变化一下你们的身相，以免使那里求菩萨道的众生，看到你们这等庄严法相而自惭形秽。同时，你们切不要对那里的众生有轻贱之意，以免妨碍你们的化道行为。为什么这么说呢？十方世界，一切国土，本如虚空，再者，那里的佛陀释迦牟尼为了化道那些劣根的众生及小根器者，并没有尽其所能示现各种净土的清净、庄严。"

化身菩萨接受了香积佛赠予的饭食之后，与九百万位众香国的菩萨一起，承佛之威神及维摩诘的神通力，忽然从众香国消失了，过了片刻，就到了维摩诘居舍。此时，维摩诘居士迅即以神通力变化出九百万个狮子座。这些坐席皆高广富丽，诸菩萨都坐在上面。此时，化身菩萨把满钵的香饭呈给了维摩诘居士。此饭其香无比，整个毗耶离城乃至三千大千世界，都闻到其香味。当时，毗耶离城的众居士们，闻到此香味后，顿觉身心清爽，舒适无限，纷纷赞叹这香气实在是前所未有。其时长者主月盖也领着八万四千位大德，来到维摩诘居舍，只见维摩诘室中已有许多菩萨，还有很多狮子座，都十分气派，大家十分高兴。他们向众菩萨及大弟子致敬之后，就退到一旁；还有众多地神、虚空神及欲界、色界诸天众，闻到了香气后，也先后来到了维摩诘居室。

此时，维摩诘居士便对舍利弗及众多大弟子说："诸位，请用饭吧。此饭乃是如来甘味饭，为大悲力所熏染已久，请不要怀着限意之小器量食用此饭，不然会消受不了的。"当时，有些声闻众心里就在嘀咕：饭就这么一点点，而在座的诸菩萨等都要吃，这怎么能够吃呢？化身菩萨知晓这些声闻的心事，就说："千万不要以声闻的小德小智来看待如来的无量福慧，如果说四海也有其干涸之时，那么此饭无论什么情况下也吃不完。即使天下人一齐来吃，每人取一团，每团都有须弥山那么大，一直吃了一劫，也不能吃尽。为什么这样呢？因为此饭乃是众香国那些具有无穷尽的'戒、定、慧、解脱、解脱知见'五分法身功德的大菩萨所吃剩下的香饭，所以无论多少人来吃也吃不完。"果然，那一钵香饭，让在座的众菩萨及诸大德饱餐之后，仍有富余。所有吃过此饭的菩萨、声闻及众天人都感到十分清爽舒畅，就好像庄严佛国中的诸菩萨。另外，所有吃过此饭的诸大众身上都发出妙香，就像众香国中诸香树发出的妙香一样。

其时，维摩诘居士就问从众香国来的菩萨，说："香积如来平时是怎样说法的？"众菩萨回答道："我土之香积佛向来不以文字说法，只是以众香薰习大众，使大众依法持戒守律。菩萨各个坐于香树之下，在树香的薰习下，即可获得具足一切功德的深厚定力。获得此种定力者，菩萨的所有功德，全都具足。"那些菩萨回答了维摩诘居士的问话后，就反问维摩诘居士："此娑婆世界的教主释迦牟尼佛平时是怎么说法的？"

维摩诘居士回答道："因为此娑婆世界的众生桀骜不

驯、刚强难化，所以释迦牟尼佛就用刚烈强硬之法以调伏之。譬如说之以地狱、畜生、饿鬼等三恶道；说有众生难生之处；说愚人日后将再生险恶之境；说身有邪行恶业，日后必得身邪行报；说口有邪行恶业，日后必得口邪行报；说意有邪行恶业，日后必得意邪行报。说今造杀生业，日后必有杀生应得的报应；说今造偷盗业，日后必有偷盗应得的报应；说今造邪淫恶业，日后必有邪淫应得的报应；说今造妄语业，日后必有妄语应得的报应；说今造两舌业，日后必有两舌应得的报应；说今造恶口业，日后必有恶口应得的报应；说今造绮语业，日后必有绮语应得的报应；说今犯贪嫉病，日后必有贪嫉应得的报应；说今犯嗔恼病，日后必有嗔恼应得的报应；说今犯邪见病，日后必有邪见应得的报应；说今犯悭吝病，日后必有悭吝应得的报应；今毁禁犯戒，日后必有犯戒应得的报应；说今犯嗔恚病，日后必有嗔恚应得的报应；说今犯懈怠病，日后必有懈怠应得的报应；说今犯乱意病，日后必有乱意应得的报应；说今犯愚痴病，日后必有愚痴应得的报应。说什么是结戒，什么是持戒，什么是犯戒；说什么是当做，什么是不当做；说什么是修道的障碍，什么不障碍修道；说怎么样就会有罪业，怎么就能消除罪业；说什么是垢，什么是净；说什么是有漏法，什么是无漏法；说什么是正道，什么是邪道；说什么是有为法，什么是无为法；说什么是世间，什么是涅槃。因此娑婆世界的人难以教化，心猿意马，所以设立种种法门，以调伏其心，这好比凶象与烈马，桀骜不驯，只有重鞭毒打，使其有彻骨之痛，才能使其驯服。因为此间的众生如此刚强难化，所以释迦牟尼佛费尽苦心，用种种刚烈强硬之法及种种恳切的语言，使众生都能走上学佛之路。"

那些从众香国来的菩萨听了维摩诘的这番话后，都十分赞叹地说："这真是前所未闻也！原来释迦牟尼佛隐去自己许多自在神通力，以此间众生所能接受的法门来调教度脱众生。而此间的这些菩萨，也都任劳任怨、忍辱负重，以无量的大悲心，来度此娑婆世界，真是可敬可佩！"

维摩诘居士说："确实像你们所说的，此娑婆世界的菩萨，对于众生都有十分深厚坚固之大悲心，他们给众生带来的功德利益，比你们那个世界的多得多。为什么这么说呢？此娑婆世界，有十种善法，是其他净土世界所没有的。是哪十种善法呢？一是以布施济度贫穷，二是以清净戒摄化毁禁犯戒的行为，三是以忍辱心化除嗔恚之心，四是以精进修行克服懈怠，五是以禅定止息乱意，六是以智慧摄化愚痴，七是以说消除灾难的法门解除众生的八种苦难，八是以大乘法度化小乘众，九是以慈善心性救度那些缺德者，十是常以四摄法成就一切众生，这就是此娑婆世界的十种善法。"

众香国来的菩萨说："菩萨必须用哪些法门，在此世界修行度众生，才能做到无所遗憾，并使众生都往生净土呢？"

维摩诘居士说："菩萨必须用八种法门在此世界修行度众生，才能做到无所遗憾，并让众生都往生净土。是哪八种法门呢？一是饶益一切众生而不期望回报；二是能够代替一切众生承受种种苦难，所做功德都回向布施给众生；三是以平等心对待一切众生，处处表现得谦恭自在；四是视诸菩萨如佛陀；五是自己所未曾听闻的佛经，听到时不产生怀疑；六是不与声闻等小乘法相冲突；七是不嫉妒别人供养之丰盛，不炫耀自己的功德利益，不断调伏自己的心念；八是经常反省自己的过失，不老是去议论指责别人的短处，一心一意地去做各种功德善行。这就是此间菩萨当修之八种法门。"

维摩诘居士与文殊菩萨在谈论这些佛法的过程中，与会的百千位天人都萌发了无上道心，有数以万计的菩萨获得证悟诸法不生不灭的无上智慧。

菩萨行品第十一

原典

是时，佛说法于庵罗树园，其地忽然广博严事，一切众会，皆作金色。阿难白佛言："世尊，以何因缘，有此瑞应？是处忽然广博严事，一切众会，皆作金色。"佛告阿难："是维摩诘、文殊师利，与诸大众恭敬围绕，发意欲来，故先为此瑞应。"

于是维摩诘语文殊师利："可共见佛，与诸菩萨礼事供养。"文殊师利言："善哉，行矣！今正是时。"维摩诘即以神力，持诸大众并师子座，置于右掌，往诣佛所。到已着地，稽首佛足，右绕七匝①，一心合掌，在一面立。

其诸菩萨，即皆避座，稽首佛足，亦绕七匝，于一面立。诸大弟子、释梵四天王等，亦皆避座，稽首佛足，在一面立。于是世尊如法慰问诸菩萨已，各令复坐，即皆受教。

众坐已定，佛语舍利弗："汝见菩萨大士自在神力之所为乎？"

"唯然，已见。"

"汝意云何？"

"世尊，我睹其为不可思议，非意所图，非度所测。"

尔时，阿难白佛言："世尊，今所闻香，自昔未有，是为何香？"

佛告阿难："是彼菩萨毛孔之香。"

于是舍利弗语阿难言："我等毛孔，亦出是香。"

阿难言："此所从来？"

曰："是长者维摩诘从众香国，取佛余饭，于舍食者，一切毛孔皆香若此。"

阿难问维摩诘："是香气住当久如？"

维摩诘言："至此饭消。"

曰："此饭久如当消？"

曰："此饭势力，至于七日，然后乃消。又阿难，若声闻人未入正位②，食此饭者，得入正位，然后乃消；已入正位，食此饭者，得心解脱，然后乃消；若未发大乘意，食此饭者，至发意乃消；已发意，食此饭者，得无生忍，然后乃消；已得无生忍，食此饭者，至一生补处③，然后乃消。譬如有药，名曰上味，其有服者，身诸毒灭，然后乃消。此饭如是，灭除一切诸烦恼毒，然后乃消。"

阿难白佛言："未曾有也，世尊！如此香饭，能作佛事。"

佛言："如是，如是，阿难！或有佛土，以佛光明而作佛事，有以诸菩萨而作佛事，有以佛所化人而作佛事，有以菩提树而作佛事，有以佛衣服、卧具而作佛事，有以饭食而作佛事，有以园林、台观而作佛事，有以三十二相、八十随形好而作佛事，有以佛身而作佛事，有以虚空而作佛事，众生应以此缘得入律行。"

"有以梦、幻、影、响、镜中像、水中月、热时焰④，如是等喻，而作佛事，有以音声、语言、文字而作佛事，或有清净佛土，寂寞无言，无说无示，无识、无作、无为而作佛事。如是阿难，诸佛威仪进止，诸所施为，无非佛事。阿难，有此四魔⑤，八万四千诸烦恼门，而诸众生为之疲劳，诸佛即以此法而作佛事，是名入一切诸佛法门。菩萨入此门者，若见一切净好佛土，不以为喜，不贪不高；若见一切不净佛土，不以为忧，不碍不没，但于诸佛生清净心，欢喜恭敬，未曾有也。诸佛如来功德平等，为教化众生故，而现佛土不同。阿难，汝见诸佛国土，地有若干，而虚空无若干也。如是见诸佛色身有若干耳，其无碍慧无若干也。"

"阿难，诸佛色身、威相、种性、戒、定、智慧、解脱、解脱知见、力、无所畏、不共之法、大慈、大悲、威仪所行，及其寿命、说法教化、成就众生、净佛国土，具诸佛法，悉皆同等，是故名为三藐三佛陀⑥，名为多陀阿伽度⑦，名为佛陀。"

"阿难，若我广说此三句义，汝以劫寿，不能尽受；正使三千大千世界，满中众生，皆如阿难多闻第一，得念总持，此诸人等，以劫之寿，亦不能受。如是阿难！诸佛阿耨多罗三藐三菩提，无有限量，智慧辩才，不可思议。"

阿难白佛言："我从今已往，不敢自谓以为多闻。"

佛告阿难："勿起退意！所以者何？我说汝于声闻中为最多闻，非谓菩萨。且止，阿难！其有智者，不应限度诸菩萨也。一切海渊尚可测量，菩萨禅定智慧，总持辩才，一切功德，不可量也。阿难，汝等舍置菩萨所行，是维摩诘一时所现神通之力，一切声闻辟支佛于百千劫尽力变化所不能作。"

尔时，众香世界菩萨来者，合掌白佛言："世尊，我等初见此土，生下劣想，今自悔责，舍离是心。所以者何？诸佛方便，不可思议；为度众生故，随其所应，现佛国异。唯然，世尊！愿赐少法，还于彼土，当念如来。"

佛告诸菩萨："有尽、无尽⑧解脱法门，汝等当学。何谓为尽？谓有为法；何谓无尽？谓无为法。如菩萨者，不尽有为，不住无为。何谓不尽有为？谓不离大慈，不舍大悲；深发一切智心，而不忽忘；教化众生，终不厌倦；于四摄法，常念顺行；护持正法，不惜身命；种诸善根，无有疲厌；志常安住，方便回向；求法不懈，说法无吝；勤供诸佛，故入生死，而无所畏；于诸荣辱，心无忧喜；不轻未学，敬学如佛；堕烦恼者，令发正念；于远离乐，不以为贵；不着己乐，庆于彼乐；在诸禅定，如地狱想；于生死中，如园观想⑨；见来求者，为善师想；舍诸所有，具一切智想；见毁戒人，起救护想；诸波罗蜜，为父母想；道品之法，为眷属想；发行善根，无有齐限；以诸净国，严饰之事，成己佛土；行无限施，具足相好；除一切恶，净身口意；生死无数劫，意而有勇；闻佛无量德，志而不倦；以智慧剑，破烦恼贼；出阴界入，荷负众生，永使解脱；以大精进，摧伏魔军；常求无念，实相智慧；行少欲知足，而不舍世法；不坏威仪，而能随俗；起神通慧，引导众生；得念总持，所闻不忘；善别诸根，断众生疑；以乐说辩，演法无碍；净十善道，受天人福；修四无量，开梵天道；劝请说法，随喜赞善，得佛音声；身口意善，得佛威仪；深修善法，所行转胜；以大乘教，成菩萨僧；心无放逸，不失众善；行如此法，是名菩萨不尽有为！

"何谓菩萨不住无为？谓修学空，不以空为证；修学无相、无作，不以无相、无作为证；修学无起，不以无起为证；观于无常，而不厌善本；观世间苦，而不恶生死；观于无我，而诲人不倦；观于寂灭，而不永寂灭；观于远离，而身心修善；观无所归，而归趣善法；观于无生，而以生法荷负一切；观于无漏，而不断诸漏；观无所行，而以行法教化众生；观于空无，而不舍大悲；观正法位，而不随小乘；观诸法虚妄，无牢无人⑩，无主无相⑪，本愿未满，而不虚福德禅定智慧。修如此法，是名菩萨不住无为。

"又，具福德故，不住无为；具智慧故，不尽有为；大慈悲故，不住无为；满本愿故，不尽有为；集法药⑫故，不住无为；随授药故，不尽有为；知众生病故，不住无为；灭众生病故，不尽有为。诸正士⑬菩萨，已修此法，不尽有为，不住无为，是名尽、无尽解脱法门，汝等当学。"

尔时，彼诸菩萨闻说是法，皆大欢喜，以众妙华，若干种色，若干种香，散遍三千大千世界，供养于佛，及此经法，并诸菩萨已，稽首佛足，叹未曾有，言："释

迦牟尼佛，乃能于此善行方便。"言已，忽然不现，还到
彼国。

注释

①**右绕七匝**："匝"，亦即圈，意思是从右边起环绕
七圈。

②**正位**：此指小乘证入无漏境。

③**一生补处**：菩萨修行的一个阶位，菩萨到达此位
后，只要再经一生之修行，就可成佛。

④**热时焰**：亦称"阳焰"，即酷热的沙漠中，阳光与
风尘相交映，常出现一种类水光晃动的幻影。此指虚幻
不实的东西。

⑤**四魔**：指烦恼魔、欲魔、死魔、天魔。

⑥**三藐三佛陀**：三藐三菩提，意为正遍知，佛为觉
义，合称则为正遍知、正等觉。

⑦**多陀阿伽度**：意译为如来。

⑧**有尽、无尽**："有尽"指有生有灭的现象，即有为
法；"无尽"即无生无灭，指无为法。

⑨**如园观想**：意为如在园林景观中畅游一样。

⑩**无牢无人**：一切诸法皆因缘而起，并无一牢固、
不变的实体，我身亦然，乃五蕴和合而生，因此不可执

取人、我之相。

⑪**无主无相**：即既无主宰者（自性），又无固定的
形、象。

⑫**法药**：佛法能治人身、心之病，故佛典中常以法
药喻佛法。

⑬**正士**：喜闻正法、乐求大道之士。

译文

在维摩诘居士与文殊菩萨谈论佛法的同时，佛陀释
迦牟尼在庵罗树园之精舍演说佛法，忽然间，这片树园
一下子变得开阔起来，佛陀演说佛法的讲堂也变得金光
闪闪，更加富丽堂皇。侍者阿难就问佛陀："这是什么瑞
兆？为什么这园林一下子变得开阔起来，整个讲堂也金
光闪闪，变得更为富丽堂皇起来呢？"佛告诉阿难："这
是维摩诘居士与文殊菩萨及诸大众在向我顶礼致敬，准
备到我这里来，所以有此祥瑞的征兆。"

这时，维摩诘居士对文殊菩萨说："我们可以去拜见
佛陀了，与众菩萨一起去礼敬供养世尊。"文殊菩萨
说："好啊，走吧！现在正是时候。"维摩诘居士随即以
神通力，把与会诸大众及他们的狮子座一并置于右掌上，
前往佛的住处。到了佛的住处后，维摩诘便把诸大众从

右掌上放了下来，接着一起顶礼佛足，从右向左绕了七圈，双手合十，一心礼佛后，就退到一边。

此时，被维摩诘居士送至佛所的诸菩萨及众大弟子、帝释天、梵天四天王等，都从狮子座上下来，顶礼佛足，并绕佛七圈后，退到另一侧。此时世尊就按佛法的有关礼仪慰问了诸菩萨，并让他们分别就座。

当大家坐定后，佛就对舍利弗说："你看见了菩萨大士维摩诘之神通力了吧？"

"是的，已经看见了。"

"看后有何感想呢？"

"世尊，维摩诘大士的神通力真是不可思议，简直不是我所能想象和描绘的。"

这时候站在佛陀旁边的阿难问佛道："世尊，这一阵子有一股清香，好像以前从来不曾闻到过的，不知道是什么香？"

佛告诉阿难说："这是从那些到这里来的菩萨毛孔中发出来的香味。"

此时，舍利弗对阿难说："我们身上也有这种香味呢。"

阿难就问佛陀："这香味是从哪里来的？"

佛陀说："维摩诘居士派化身菩萨去了众香国，取来了香积佛吃剩的香饭，带回维摩诘居室后，让大家吃。

凡是吃了这香饭的,毛孔中都有这香味。"

阿难就问维摩诘居士:"这香味能保持多久?"

维摩诘说:"到这饭完全消化为止。"

阿难问:"这饭多长时间能完全消化?"

维摩诘答道:"这饭力可以保持七日,然后就消化了。还有,阿难,如果是修声闻法而尚未入初果正位者,吃了这饭,在他入于初果正位后,这饭力才会消失;已入于初果正位的声闻众,如果吃了此饭,在他证得阿罗汉果位后,这饭力才会消失;对于那些还未发大乘菩萨心者,如果吃了此饭,到他们发大乘菩萨心后,这饭力才会消失;对于那些已发大乘心者,如果吃了此饭,到他们得不生不灭的无上智慧后,这饭力才会消失;已得不生不灭无上智者,如果吃了此饭,到他们成为一生补处菩萨时,这饭力才会消失。这有如一种最上等的药,举凡服食了它的,只有等到全身一切病毒都被消除掉后,其药力才会消失一样,这香饭能够断除一切烦恼病患,所以只有等到一切烦恼病患全部消除后,其饭力才会消失。"

阿难听了维摩诘这一番话后,颇为赞叹地说:"真是前所未闻啊,世尊!这香饭还能做佛事?"

佛说:"是的,阿难。在十方世界中,有的佛土能以佛身上光明成就佛事,有的佛土以菩萨成就佛事,有的佛土以佛所化现出来的化身菩萨成就佛事，有的佛土以菩提树成就佛事，有的佛土以佛之衣服卧具成就佛事，有的佛土以饭食成就佛事，有的佛土以园林、台观成就佛事，有的佛土以三十二种相八十种好成就佛事，有的佛土以佛身成就佛事，有的佛土以虚空成就佛事。各个佛土中的众生应该各个随顺所缘，入于佛道。

"还有一些佛土以梦、幻、影、响、镜中像、水中月、热时焰为譬喻使人领悟世事无常、诸法皆空的道理，从而使众生进入佛道；有些佛土以声音、语言、文字来弘传佛法；有些清净佛土则放弃一切语言文字，采用无说无示、寂默无言乃至心不存思量、身不加造作的方式成就佛事。阿难啊！正是这样，诸佛的一切威仪进止、动作施为都是在做佛事。再有，阿难，正因世间有天魔、死魔、欲魔、烦恼魔等，有八万四千种烦恼事，各类众生都被这些烦恼搞得心神交瘁，诸佛如来便因势利导，利用这些烦恼来成就佛事，这也可称之为入一切诸佛法门。菩萨修习此法门，若见美好清净的佛土，不喜不自禁，不贪着自傲；若见污垢杂染之国土，也不起忧恼厌去之念头，而只是对十方诸佛生起欢喜恭敬的清净心。因为诸佛如来功德平等，只是为了教化不同根机的众生，而方便示现净秽不同的佛土罢了。阿难，正像你所看见的，诸佛国土虽各不相同，但虚空却没有什么不同，诸佛之色身虽各不相同，但诸佛圆融无碍之平等慧却是一样的。阿难，诸佛之色身、威相、种性、戒、定、慧、解脱、解脱知见、十力、四无畏、十八不共法、大慈、大悲、威仪及其寿命、说法教化、成就众生、清净佛土具诸佛法等，都是相同的，所以也称之为正遍知，或叫作如来，或叫作佛陀。

"阿难，如果要我对佛的以上三个称号详加解说的话，即使你的寿命有一大劫那么长，恐怕也听不完；即使让三千大千世界的众生都能像你阿难那样博见多闻，具有惊人的忆念总持能力，并都有一大劫长的寿命，恐怕也听不完，接受不了。确实是这样，阿难，诸佛之无上正等正觉是无边际、无限量的，其智慧辩才是不可思议的。"

阿难对佛说："世尊，我从今以后，再也不敢自以为是'多闻第一'了。"

佛对阿难说："也不要因此就妄自菲薄，为什么这么说呢？我是说你在声闻众中'多闻第一'，并不是说你在菩萨中也是最多闻博识的。且慢，阿难，对那些有智慧者，是不应该对菩萨的功德智慧有限量之想。大海之深度尚可测量，而菩萨的定力、辩才、智慧、功德，是不可限量的。阿难，你们只是修习声闻等小乘法，而未践习菩萨行，须知维摩诘借其神通力所示现出来的一切，是一切声闻、辟支佛于千百劫中，尽他们的最大能耐也变化不出来的。"

其时，从众香国来的诸菩萨都双手合十，恭敬地对释迦牟尼佛说："世尊，我等刚到这里的时候，曾经对你们的国土颇有轻贱之意，听了世尊一番话后，我们都深感疚愧，认识到产生那种念头实在太不该了。为什么这么说呢？诸佛以方便力教化众生的力量太不可思议了，为了济度众生，随应众生的不同根机而示现各种不同的佛土。对啦，世尊！能否给我们一些开示，让我们带一些佛法回众香国，我们将永远忘不了佛陀的教诲。"

佛对众香国来的诸菩萨说："有两种法门，你们应当修习，这就是有尽法门和无尽法门。那么，什么是有尽法门？什么是无尽法门呢？所谓有尽法门，就是有为法；所谓无尽法门，就是无为法。作为一个菩萨，既不应该全然舍弃有为法，也不能安住于无为法中。那么怎么做才是不全然舍弃有为法呢？也就是说，菩萨应该不离大慈，不舍大悲；深切追求无上道心，念念不忘求一切智；教化众生永不厌倦；对于'布施、爱语、利行、同事'四摄法念念在心，时常践行；护持佛教正法，不惜身命；要不断培植善根，永不懈怠；常存济生度世的宏愿，把一切功德善行都回向给众生；修习佛法永不懈怠，传扬佛法竭尽所能；供养诸佛殷勤不倦，以大悲心不入于涅槃，而投身于生死道中无所畏惧；对于各种荣辱，从不动心；不轻视那些初学者，对于学佛者敬之若佛；对于那些陷入烦恼海中众生，要尽力激发他们的正知正见；对于远离尘俗修习佛道，不要自视为难能可贵；不沉醉于自身的法乐，而能随喜于他人之乐；虽住于定境却不贪着，能作地狱观；虽出入于生死道中，却能视如游园赏景；凡遇有所求于己者，视之若良师益友；舍弃自己一切所有，唯对一切智尽心守护；对于那些毁禁犯戒之人，要生起救护之意念；要把诸波罗蜜，视如父母；要把三十七道品等，视之若眷属；要不断地增长善根，永不止息；以诸佛土庄严设施，美化自己所在的佛土；以无限量之布施，庄严自己的法相；断除一切恶念恶行，清净身口意三业；为济度众生于无数劫中出生入死，并能始终勇猛无畏；听闻诸佛的无量功德，立志追求而永无倦意；以佛之智慧剑，破众生之烦恼贼；出入于五蕴、十二入、十八界中，济度众生，使他们得到永远的解脱；不断精进修行，摧伏一切魔障；经常修习'无念'法门，获得证悟诸法实相的智慧；既能做到少欲知足，又不放弃对世间的关怀；既能不坏菩萨威仪，而能随顺俗法，又能随缘发起各种神通及智慧，为不断引导众生，使其能正念总持一切法义而不忘失；菩萨还应具有超强的记忆力，能够过目不忘；具有出众的识别力，善于识别各类众生的智慧，善于破解众生的疑惑；应该以无碍的辩才，演说各种佛法都能圆融无碍；菩萨修习践行清净的十善道，得人天之福报；修习慈悲喜舍四无量心，打开通往梵天的道路；菩萨应经常为众生劝请诸佛如来演说佛法，并随喜赞颂，使自己也得到有如佛一样音声的果报；由于身口意三业清净，也得到如佛一样威仪的果报；因深修一切善行功德，所得的报应日益殊胜；由于修习大乘佛法，而成为利他济世的菩萨僧；因为除恶修善的意念十分强烈，所以不会放过一切行善的机会。修习、践行这种利他济世法门的，就称为'菩萨不尽有为'。

"什么又叫菩萨不住无为呢？就是说菩萨修习空解脱门，又不执着于空；修习无相、无作解脱门，又不以无相无作为究竟目标；修习诸法因缘而起，也不以缘起为究竟；既能了达诸法无常，又能不断积德行善；既能了达世间皆苦，又能不厌恶生死世间；虽洞观诸法无我，又能诲人不倦；虽了达涅槃寂灭，又能不住于涅槃；虽远离尘俗、烦恼，又能不断修习行善；虽洞观诸法不来不去，又能把善法作为自己的归趣；虽了达诸法不生不灭，又能在世间的生灭法中担起济度众生的重任；虽洞达出世法之清净无漏，又能不断绝与世间的烦恼惑障打交道；虽洞观诸法性空本无造作，又能以如来教法化道众生；虽了达诸法本来性空，又能对众生怀有深切的大悲心；虽能洞观依无为法而入初果正位的道理，又能不像小乘教法那样只注重自度；虽洞观诸法如同幻化、无人无我，亦无众生等相，但只要度尽众生的大悲誓愿还未实现，就不放弃修习福德禅定智慧。能够如此修习者，就叫作'菩萨不住无为'。

"还有，因为菩萨具足各种功德善行，所以菩萨并没有安住于无为之境；因为菩萨具足各种智慧，所以菩萨并没有断绝一切有为法；因为菩萨大慈大悲，所以菩萨并没有安住于无为之境；因为菩萨有度尽一切众生的宏大誓愿，所以菩萨没有断绝一切有为法；因为菩萨要在世间弘扬作为良药的佛法，所以菩萨没有安住于无为之境；因为菩萨要以佛法之良药疗治群生，所以菩萨没有断绝一切有为法；因为菩萨深知各类众生的烦恼、病患，所以没有安住于无为之境；因为菩萨要断除众生的种种病患，所以没有断绝一切有为法。各位大德，能够修习此法门，既不断绝世间诸有为法，又不安住于无为之境界，这叫作'尽、无尽解脱法门'。你们各位应该修习这种法门。"

从众香国来的诸位菩萨听了释迦牟尼佛这一番教诲之后，都欢欣雀跃，随即把具有不同颜色，又具各种香味的鲜花撒向三千大千世界，供养十方世界的佛、法、僧三宝，之后，众菩萨顶礼佛足，称颂赞叹所见所闻实前所未有，并说："也只有像释迦牟尼这样的佛陀，才能在此娑婆世界以各种智慧和善巧方便济度群生。"说完话后，忽然无影无踪了，又回到众香国去了。

见阿閦佛品第十二

原典

见阿閦佛①品第十二

尔时，世尊问维摩诘："汝欲见如来，为以何等观如来乎？"

维摩诘言："如自观身实相，观佛亦然。我观如来：前际不来，后际不去，今则不住；不观色，不观色如，不观色性；不观受、想、行、识，不观识如，不观识性；非四大起，同于虚空；六入无积，眼耳鼻舌身心已过；不在三界，三垢②已离；顺三脱门③，具足三明④，与无明等。不一相，不异相；不自相，不他相；非无相，非取相；不此岸，不彼岸，不中流⑤，而化众生。观于寂灭，亦不永灭。不此不彼；不以此，不以彼。不可以智知，不可以识识；无晦无明；无名无相；无强无弱；非净非秽；不在方，不离方；非有为，非无为；无示无说；不施不悭；不戒不犯；不忍不恚；不进不怠；不定不乱；不智不愚；不诚不欺；不来不去；不出不入；一切言语道断⑥。""非福田，非不福田；非应供养，非不应供养；非取非舍；非有相，非无相；同真际，等法性；不可称，不可量，过诸称量。非大非小；非见非闻，非觉非知，离众结缚；等诸智，同众生，于诸法无分别；一切无失，无浊无恼，无作无起，无生无灭，无畏无忧，无喜无厌；无已有，无当有，无今有；不可以一切言说分别显示。世尊，如来身为若此，作如是观。以斯观者，名为正观。若他观者，名为邪观。"

尔时，舍利弗问维摩诘："汝于何没，而来生此？"

维摩诘言："汝所得法，有没生⑦乎？"

舍利弗言："无没生也。"

"若诸法无没生相，云何问言：'汝于何没而来生此？'于意云何？譬如幻师，幻作男女，宁没生耶？"

舍利弗言："无没生也。"

"汝岂不闻，佛说诸法如幻相乎！"

答曰："如是。"

"若一切法如幻相者，云何问言：'汝于何没而来生此？'舍利弗，没者为虚诳法，坏败之相；生者为虚诳法，相续之相。菩萨虽没，不尽善本；虽生，不长诸恶。"

是时，佛告舍利弗："有国名妙喜，佛号无动，是维摩诘于彼国没，而来生此。"

舍利弗言："未曾有也，世尊，是人乃能舍清净土，而来乐此多怒害处。"

维摩诘语舍利弗："于意云何？日光出时，与冥合乎？"

答曰："不也，日光出时，则无众冥。"

维摩诘言："夫日何故行阎浮提？"

答曰："欲以明照为之除冥。"

维摩诘言："菩萨如是，虽生不净佛土，为化众生，不与愚暗而共合也，但灭众生烦恼暗耳。"

是时，大众渴仰欲见妙喜世界，无动如来，及其菩萨、声闻之众。佛知一切众会所念，告维摩诘言："善男子，为此众会，现妙喜国，无动如来，及诸菩萨、声闻之众，众皆欲见。"

于是维摩诘心念：吾当不起于座，接妙喜国，铁围山川、溪谷江河、大海泉源、须弥诸山，及日月星宿、天龙、鬼神、梵天等宫，并诸菩萨、声闻之众、城邑、聚落、男女大小，乃至无动如来，及菩提树、诸妙莲华，能于十方作佛事者。三道宝阶，从阎浮提至忉利天⑧。以此宝阶，诸天来下，悉为礼敬无动如来，听受经法；阎浮提人，亦登其阶，上升忉利，见彼诸天。妙喜世界，成就如是无量功德。上至阿迦尼咤天⑨，下至水际，以右手断取，如陶家轮，入此世界，犹得华鬘，示一切众。

作是念已，入于三昧，现神通力，以其右手，断取妙喜世界，置于此土。彼得神通菩萨及声闻众，并余天人，俱发声言：“唯然，世尊！谁取我去？愿见救护。”无动佛言：“非我所为，是维摩诘神力所作。”其余未得神通者，不觉不知己之所往。

妙喜世界虽入此土，而不增减，于是世界亦不迫隘，如本无异。

尔时，释迦牟尼佛告诸大众：“汝等且观妙喜世界，无动如来，其国严饰，菩萨行净，弟子清白。”皆曰：“唯然，已见。”

佛言：“若菩萨欲得如是清净佛土，当学无动如来所行之道。”

现此妙喜国时，娑婆世界十四那由他⑩人，发阿耨多罗三藐三菩提心，皆愿生于妙喜佛土。释迦牟尼佛即记之曰：“当生彼国。”

时妙喜世界，于此国土，所应饶益，其事讫已，还复本处，举众皆见。

佛告舍利弗：“汝见此妙喜世界，及无动佛不？”“唯然，已见，世尊！愿使一切众生得清净土，如无动佛；获神通力，如维摩诘。世尊，我等快得善利，得见是人，亲近供养，其诸众生，若今现在，若佛灭后，闻此经者，亦得善利，况复闻已，信解受持，读诵解说，如法修行！若有手得是经典者，便为已得法宝之藏；若有读诵解释其义，如说修行，则为诸佛之所护念；其有供养如是人者，当知即为供养于佛；其有书持此经卷者，当知其室，即有如来；若闻是经，能随喜者，斯人则为趣一切智；若能信解此经，乃至一四句偈，为他说者，当知此人，即是受阿耨多罗三藐三菩提记。"

注释

①**阿閦佛**：佛名，又作阿閦鞞佛、阿閦婆，意译为不动佛、无恚佛，住于东方妙喜世界。

②**三垢**：即贪、嗔、痴三毒。

③**三脱门**：即空、无相、无愿三解脱门。

④**三明**：在阿罗汉曰"三明"，在佛曰"三达"，即宿命明（知自身及他身宿世之生死相）、天眼明（知自身及他身未来世之生死相）、漏尽明（知现在之苦相，断尽一切烦恼之智慧）。

⑤**中流**：喻结使烦恼。此岸指生死，彼岸指涅槃，

结使烦恼流于此岸与彼岸之间，故名。

⑥**言语道断**：指非语言文字所能表达之究竟真理。

⑦**没生**："没"，死的意思；"没生"即死生，或指生灭。

⑧**忉利天**：位于须弥山之顶，帝释天居中，四方各有八天，合则三十三天，故忉利天亦称三十三天，属欲界第四天。

⑨**阿迦尼咤天**：意译色究竟，乃色界十八天中之色究竟天。

⑩**那由他**：古印度数目字，一那由他相当于一亿。

译文

其时，释迦牟尼佛问维摩诘居士："你来此想参见一下如来，请问，你是怎样看待如来的呢？"

维摩诘居士答道："就是像看待自身实相一样去看待如来。我看待如来：他以前不曾来过，以后也不会离去，现在也留不住；既不以色身观如来，又不以色的本体观如来，也不以色的本性观如来；不从受、想、行、识四蕴去观如来，又不从识的本体去观如来，也不从识的本性去观如来；如来不由四大生起，他形同虚空；法身超出六根，并非由眼耳鼻舌身意所集成；他远超三界，已远离贪、嗔、痴三毒；随顺空、无相、无作三解脱门，具足天眼、宿命、漏尽三种神通；其智慧通达无明，与无明等无差异。如来法身乃无相之身，他与实相非一非异；既无自相，又无他相；既不是无相，又不能取相；他既不在生死此岸，又不在涅槃彼岸，也不在两岸之间，而又处处在教化众生；如来虽然了达诸法本性寂灭之理，但又不安住于涅槃之境。总之，既不住于生死此岸，又不住涅槃彼岸。不可以世间智理解他，不可以虚妄识识别他：他如中天之日，故无所谓明暗；他既无一定的名号，也无固定的形相；他柔弱时忍辱负重，但降伏魔障时，却刚强无比，无坚不摧；他在净则净，在染则染，故非净非染；他既不在一定方所之内，又非离方所而独存；既不属于世间的有为法，又不属于无为法；因为他无形无相，所以无所示现，也无所言说；既无施舍之相，也无悭吝之状；既不持戒，也不犯戒；既不忍辱，也不嗔恚；既不精进，也不懈怠；既不入定，也不昏乱；既无所谓智，也无所谓愚；既无所谓诚实，也无所谓奸诈；既无来相，也无去相；既无出相，也无入相；他非一切语言文字所能表达；他无形无相，所以非福田，也不应供养；但如来之化身却能随机摄化，引人入佛道、得解脱，所以又是非不福田，应当供养；如来法身既无形无相，又无所不在，所以无法取着，也无法舍弃；既无相，又有相；他与真如、实际、法性完全同一，对他无法称呼、计量；他大如须弥，小如芥子，所以非大非小；他既无形相，所以无从见闻、觉知，远离一切烦恼束缚；他上同诸佛之智，下同众生之体，与一切诸法无分别可言；他没有任何过失可言，也不会出现任何烦恼惑障；他无造作，无生起，不生也不灭，无所畏惧，也无所烦忧，无所喜乐，也无所厌恶；他无过、现、未三世，所以既无已有，又无现有，也无当有；他无法用一切语言加以分别说明。世尊，如来之身就是这样，能够这样去看待如来，就是正观。如果不是这样去观待如来，就是一种邪观。"

这时候，舍利弗问维摩诘居士道："你是从何处入灭后，降生于这里的？"

维摩诘居士答道："你所证得的佛法中难道有先灭而后生这回事吗？"

舍利弗说："确实是没有先灭而后生一说。"

"既然诸法并非先灭而后生，那你怎么会问我何处入灭后再降生到这里来的呢？你认为怎么样？诸法实际上如同魔术师变幻出来的许多男男女女一样，难道他们有灭彼生此一回事？"

舍利弗说："没有灭彼生此一回事。"

"你难道没有听佛陀说过，诸法如梦幻吗？"

舍利弗答道："是的，听过。"

"如果一切法如梦幻，你为何会问我是于何处入灭后降生于这里的呢？舍利弗，所谓消失、散灭，这是作为假象的世间诸法的败坏之相，所谓生起其实是作为假象的世间诸法相续之相。菩萨虽然入灭，但其善本德行并不会随之完结，虽然到了某一世界受生，也不会再生长任何恶业。"

此时，佛告诉舍利弗："有一个叫妙喜的国度，其佛号叫无动，维摩诘居士就是在那个国度入灭后来生此地的。"

舍利弗听后即说："真是难能可贵啊！此人能舍去妙喜国的清净佛土，而来这到处充满污秽与纷争的娑婆世界。"

听了舍利弗的话，维摩诘居士便对舍利弗说："你这话是什么意思？比方说，当早晨日出时，难道日光会与黑夜合到一块吗？"

舍利弗说："不会的，当日光出现时，黑夜也就消失了。"

维摩诘说："那么日光为何要照耀阎浮提洲呢？"

舍利弗答道："欲以光明除去黑夜。"

维摩诘说："菩萨也是这样，虽然为了化导众生而受生于不净的国土，但他不会与愚痴与黑暗混处杂居，而是为了消灭众生的烦恼暗障。"

这时候，与会大众都十分渴望能亲眼目睹妙喜世界，十分渴望拜谒那世界的教主无动如来及诸菩萨、声闻众。释迦牟尼佛知晓大家的心事，就对维摩诘居士说："善男子，你就为与会大众显现一下那妙喜世界及其教主无动如来和那里的诸菩萨、声闻众吧，大家都很想见见那个世界。"

此时，维摩诘居士心里想：我应当不离开坐席就把那妙喜世界及其铁围山以及那国土上的山川河流、江湖大海、溪谷泉源，还有须弥等等高山及日月星辰、天龙鬼神、梵天宫殿等等，还有那世界的诸菩萨、声闻众以及城邑、村落、男女老少乃至无动如来及菩提树、众妙莲花等等，举凡能发心在十方世界行佛事者，我通通把他们接来。我要以三道珠宝镶嵌成天梯，把阎浮提洲与忉利天连接起来，诸天神可以沿此宝梯来到这里，礼敬无动如来，听经闻法；阎浮提洲的人也可顺此宝梯上至忉利天宫，见见那里的众天神。妙喜世界，能成就如此无量的功德。我要把那妙喜世界，上自阿迦尼咤的究竟天，下至那世界的水面，用我的右手，如陶器工匠灵活运用手中的旋转轮截取泥块一般，把那世界搬至这里，就好像手里拿着一朵鲜花向大众展示一样。

维摩诘居士有了这一念头之后，就随即入定，并运用其神通力，以他的右手，把那妙喜世界搬来此阎浮提洲。此时，妙喜世界中那些道行较浅的菩萨及声闻众、诸天人等，都一齐喊道："世尊啊！是谁把我们带走了，快救救我们吧。"只听那无动如来说："这不是我做的，而是维摩诘居士的神力所造成的。"至于那些未得神通的一般大众，已不知不觉随着妙喜世界来到这阎浮提洲了。

那妙喜世界虽然被搬入了此阎浮提洲，但它并没有因此而小了一些；而此阎浮提洲，也没有因多了一个妙喜世界而显得窄迫，与原来并没有任何差别。

这时，释迦牟尼佛就对与会诸大众说："你们现在可以好好看看妙喜世界及其教主无动如来了，这世界是何等的庄严美好啊！其菩萨道行又是那么的清净，不动佛的众弟子们的心念又是那样的洁白无瑕。"大家应道："确实是那样的，世尊，这一切我们都亲眼目睹了。"

释迦牟尼佛又对诸大众说："如果菩萨欲得这样的清净佛土，应当修学无动如来所修证的大道。"

当妙喜佛国显现于此婆婆世界时，有十四亿的众生发了无上道心，都愿往生妙喜佛国，释迦牟尼佛随即为他们授记，说："你们日后当生于妙喜佛国。"

那维摩诘居士完成了以妙喜佛国现身说法、教化群生的任务后，就把它送回原来的地方去了，这是与会诸大众都亲眼目睹的。

此时，释迦牟尼佛便对舍利弗说："你刚才看见了妙喜世界及无动如来了吧？"舍利弗答道："是的，世尊！但愿一切众生，得生于像妙喜世界那样的清净佛土，得到像维摩诘居士那样的神通。世尊，我们真是幸运，能在这么短的时间内获得如此大的利益，有缘得遇无动如来和维摩诘居士，有幸得以亲近供养他们。但愿一切众生，不管是现在还是今后，如果有缘听闻读诵此经，也能得到很大的利益，更不用说那些听闻后又能信受奉持、宣说实行者。不论是谁，只要能得到这一经典，就是获得了无价之法宝；如果能够信受读诵，并按经中所说的去修行，那他一定能得到佛的护佑；而不管是什么人，如果他们能够供养那些受佛世尊护佑的人，那他的功德与供养佛世尊是一样的。如果有抄写并持有此经者，其室中即犹如有如来；如果有人听闻此经而能赞颂并生欢喜心，他便能入一切智慧之门；如果有人信受奉持乃至为人解说此经中的一个四句偈，那么这人日后必会得到无上正等正觉的授记。"

法供养品第十三

尔时，释提桓因①，于大众中白佛言："世尊，我虽从佛及文殊师利，闻百千经，未曾闻此不可思议、自在神通、决定实相经典。如我解佛所说义趣，若有众生闻此经法，信解、受持、读诵之者，必得是法不疑，何况如说修行，斯人则为闭众恶趣，开诸善门，常为诸佛之所护念，降伏外学，摧灭魔怨，修治菩提，安处道场，履践如来所行之迹。世尊，若有受持、读诵、如说修行者，我当与诸眷属供养给事，所在聚落、城邑、山林、旷野，有是经处，我亦与诸眷属，听受法故，共到其所。其未信者，当令生信；其已信者，当为作护。"

佛言："善哉！善哉！天帝，如汝所说，吾助尔喜。

此经广说过去、未来、现在诸佛，不可思议阿耨多罗三藐三菩提，是故天帝，若善男子、善女人，受持、读诵、供养是经者，则为供养去来今佛。天帝，正使三千大千世界，如来满中，譬如甘蔗、竹苇、稻麻、丛林，若有善男子、善女人，或以一劫②，或减一劫，恭敬尊重，赞叹供养，奉诸所安，至诸佛灭后，以一一全身舍利③，起七宝塔，纵广一四天下，高至梵天，表刹庄严，以一切华香璎珞，幢幡妓乐，微妙第一，若一劫，若减一劫，而供养之。天帝，于意云何？其人植福宁为多不?"

释提桓因言："甚多，世尊！彼之福德，若以百千亿劫，说不能尽。"

佛告天帝："当知是善男子、善女人，闻是不可思议解脱经典，信解、受持、读诵、修行，福多于彼。所以者何？诸佛菩提，皆从此生，菩提之相，不可限量。以是因缘，福不可量。"

佛告天帝："过去无量阿僧祇劫时，世有佛，号曰药王如来、应供、正遍知、明行足、善逝、世间解、无上士、调御丈夫、天人师、佛、世尊。世界名大庄严，劫名庄严。佛寿二十小劫，其声闻僧三十六亿那由他，菩萨僧有十二亿。天帝，是时有转轮圣王，名曰宝盖。七宝具足，主四天下。王有千子，端正勇健，能伏怨敌。尔时，宝盖与其眷属，供养药王如来，施诸所安，至满五劫。过五劫已，告其千子：'汝等亦当如我，以深心供养于佛。'于是千子，受父王命，供养药王如来，复满五劫，一切施安。其王一子，名曰月盖，独坐思惟：宁有供养，殊过此者？以佛神力，空中有天曰：'善男子，法之供养，胜诸供养。'即问何谓法之供养？天曰：'汝可往问药王如来，当广为汝说法之供养。'实时月盖王子，行诣药王如来，稽首佛足，却住一面，白佛言：'世尊，诸供养中，法供养胜。云何名为法之供养？'佛言：'善男子，法供养者，诸佛所说深经，一切世间难信难受，微妙难见、清净无染，非但分别思维之所能得。菩萨法藏所摄，陀罗尼印印之④，至不退转；成就六度，善分别义；顺菩提法，众经之上。入大慈悲，离众魔事，及诸邪见；顺因缘法，无我、无人、无众生、无寿命；空、无相、无作、无起，能令众生坐于道场，而转法轮；诸天、龙神、乾闼婆⑤等，所共叹誉；能令众生入佛法藏，摄诸贤圣一切智慧；说众菩萨所行之道，依于诸法实相之义；明宣无常、苦、空、无我、寂灭之法，能救一切毁禁众生；诸魔外道及贪着者，能使怖畏；诸佛贤圣，所共称叹；背生死苦，示涅槃乐；十方三世，诸佛所说。若闻如是等经，信解、受持、读诵，以方便力，为诸众生分别解说，显示分明，守护法故，是名法之供养。'"

"'又于诸法如说修行，随顺十二因缘，离诸邪见，得无生忍，决定无我，无有众生，而于因缘果报，无违无诤，离诸我所；依于义，不依语；依于智，不依识；依了义经，不依不了义经；依于法，不依人；随顺法相，无所入，无所归；无明毕竟灭故，诸行亦毕竟灭；乃至生毕竟灭故，老死亦毕竟灭。作如是观，十二因缘，无有尽相，不复起相，是名最上法之供养。'"

佛告天帝："王子月盖，从药王佛闻如是法，得柔顺忍，即解宝衣严身之具，以供养佛，白佛言：'世尊，如来灭后，我当行法供养，守护正法，愿以威神加哀建立，令我得降伏魔怨，修菩萨行。'佛知其深心所念，而记之曰：'汝于末后，守护法城。'天帝，时王子月盖，见法清净，闻佛授记，以信出家，修习善法，精进不久，得五神通⑥，具菩萨道，得陀罗尼无断辩才，于佛灭后，以其所得神通、总持辩才之力，满十小劫，药王如来所转法轮，随而分布。月盖比丘，以守护法，勤行精进，即于此身，化百万亿人，于阿耨多罗三藐三菩提，立不退转；十四那由他人，深发声闻、辟支佛心；无量众生，得生天上。天帝，时王宝盖，岂异人乎！今现得佛，号宝焰如来。其王千子，即贤劫⑦中千佛是也。从迦罗鸠孙驮⑧为始得佛，最后如来，号曰楼至⑨。月盖比丘，则我身是。"

"如是，天帝！当知此要，以法供养，于诸供养为上，为最第一无比。是故，天帝，当以法之供养，供养于佛。"

注释

①**释提桓因**：即帝释天，忉利天之主，居于须弥山顶。

②**劫**：表时间长度，佛教典籍中对劫之说法有多种，《大智度论》分劫为大、中、小三劫，其中，合人寿一增（自十岁起，每百年增一岁，直到人寿为八万四千岁）一减（亦即从八万四千岁每百年减一岁，直至减到人寿十岁）为一小劫；合二十小劫为一中劫；合四中劫为一大劫。

③**舍利**：即佛骨或泛指身骨。

④**陀罗尼印印之**：陀罗尼为总持义，即能总摄忆持无量佛法而不使忘失，此句的意思是用总摄一切佛法之大义印证之。

⑤**乾闼婆**：即乐神，天龙八部之一。

⑥**五神通**：指天眼通、天耳通、神足通、宿命通、他心通。

⑦**贤劫**：指三劫之现在住劫，谓现在之二十增减住劫中，有千佛贤圣出世化导故称之。现在贤劫与过去庄

严劫、未来宿命劫合称三劫。

⑧**迦罗鸠孙驮**：亦作"拘留孙"，佛名，乃过去七佛中之第四佛，现在贤劫千佛中之第一佛。

⑨**楼至**：佛名，贤劫千佛中之最后一佛。

译文

这时，天帝释提桓因在与会大众中对佛说："世尊，我虽然从你这里及文殊菩萨那里听闻过百千部经典，但从来未曾听过像这部如此不可思议、自在神通、究竟表现实相的经典。按照我的理解，如果众生听闻此经，并能够深刻理解、信受、奉持、读诵它，他必定能够得到此经所说的不可思议解脱法门；如果众生能够按照此经所说的去修行，则他一定能够堵绝通往众恶趣之路，而诸善门则向他洞开，他就能得到诸佛之护佑，他必定能摧伏诸外道，降伏诸烦恼惑障，得到无上觉悟，安处于道场，走上成佛之路。世尊，如果众生能够受持读诵此经典，如经中所说的去修行，我一定与诸眷属一起，供养服侍他们；他们所在的城市村庄、山林旷野，只要是在宣讲弘扬这部经典，我一定与诸眷属一起前去聆听；举凡未信受此经的人，我一定让他们生起信心；对于那些对此经已起信心者，我一定善加护佑。"

佛说："善哉！善哉！天帝，你能这么说，我真替你高兴。确实，此经广说过去、未来、现在诸佛不可思议无上正等正觉，如果有善男子、善女人受持读诵供养这部经典者，则是供养过去、现在、未来三世诸佛。天帝，即使三千大千世界中到处都有如来世尊，其数量之多，有如世间之甘蔗、芦苇、稻麻、丛林，数不胜数，如果有善男子、善女人以一大劫或者以近于一大劫那样长的时间去供养、赞叹、礼敬诸佛如来，一直供养到诸佛入灭后，又把他们的全身舍利用七层宝塔供养起来；这些宝塔都有四天下那么大，其高则直矗梵天，每个宝塔都装饰得极其庄严富丽，遍满香花璎珞、幢幡妓乐，微妙无比，对这些宝塔又长期地加以供养；如果能够这样，天帝，你认为这种人的福德多不多呢？"

天帝释提桓因说："世尊，这样的福德确实非常之多，其福德即使说百千亿劫也说不尽。"

佛告诉天帝："应当知道，善男子、善女人，如有听闻这部不可思议解脱经者，并能信受、读诵和按经中所说的去修行，那么其福德比上面所说的那种人还要多得多。为什么这么说呢？因为诸佛之觉悟，都是从这部经典之教义中产生出来的，而使人觉悟成佛的福德，是不可限量的；正因为这样，其福德是无量无边的。"

佛告诉天帝："在过去无量无数劫前，当时世上有一佛，号药王如来，又称应供、正遍知、明行足、善逝、世间解、无上士、调御丈夫、天人师、佛、世尊。那个世界名叫大庄严世界，那个时代叫庄严劫，其佛寿命长达二十小劫，他的声闻众弟子多达三十六亿，菩萨众多达十二亿。天帝，当时有一位转轮圣王，名叫宝盖。他七宝具足，统治着四天下，此转轮圣王有上千个子女，都十分端庄勇健，能够降伏各种魔怨仇敌。其时，宝盖王与其眷属们供养着那个药王如来，向他布施了他所需的一切，时间长达五劫。五劫以后，那宝盖王就对其子女们说：'你们也应该像我这样，以深切恭敬之心供养佛。'那上千位王子就遵照父命，供养药王如来，供给其一切所需，又满五劫。其中有一位名叫月盖的王子，就独自在想：有没有什么供养比这种供养更为殊胜的？借助于佛威神之力，忽然空中有天神说：'善男子，法之供养，胜过其他一切供养。'月盖王子就问什么叫作法供养，那天神答道：'这你可以去问药王如来，他会为你详细解说什么叫作法供养。'其时，月盖王子就去到了药王如来那里，顶礼佛足后，退到了一边，对佛说：'世尊，诸供养中，法供养最为殊胜，那么，请问什么叫作法供养？'佛说：'善男子，所谓法供养，就是诸佛所说的那些义理深刻的经典，其思想广博深奥，世俗之人较难以理解，较难生起信心，其中之微妙意蕴，也较难被揭示出来；其教法又清净无垢，并不是世俗之分别思维所能把握的。这些教法乃包含在菩萨法藏之中，是由总持一切法门之实相法印所印证。修习这经法的菩萨，都已达到不退转的八地以上，都已成就了六波罗蜜，善于识别经中深刻的义理；这种深刻的义理随顺菩提之法，地位在众经之上。修习此经，能够生起大慈悲心，远离众魔障及诸邪见；此经之义理与因缘法相符契，主张无我相、无人相、无众生相、无寿命相；倡导空、无相、无作、无起诸解脱门，能令众生修习有所成就，坐于道场而转法轮，为天、龙等八部众所赞叹称誉；能令众生入于佛法宝藏，获得菩萨等圣贤之一切智慧；宣说诸菩萨所行之道，能随顺于实相之本义；昭示无常、苦、空、无我、寂灭诸义真谛，能拯救一切毁禁犯戒之众生；能使诸魔、外道及一切贪心者恐惧、畏怖；为诸佛菩萨及众圣贤所称颂、赞叹；经中也语及出离生死之苦，并显示了涅槃之乐。此经为十方三世一切诸佛所宣说。如果能听闻这样的深经，并且信受奉持、读诵修习，乃至以方便力，为诸众生分别解说，使经典中的义理能够得到明晰揭示。所有这一切，都是为了维护和弘扬佛法，所以称之为法供养。

"'另外，如能按照经中所说的进行修行，并与十二因缘所倡导的缘起思想相随顺、配合，远离一切邪见，证得诸法无生无灭之智慧，对于无我、无众生的深刻义理坚信不疑，能信受因缘果报的思想，对它不违背、无异义，能放弃对自我的执着；对于佛法，能够依于义不依于语，依于智而不依于识，依了义经而不依不了义理，依于法而不依于人；能随顺诸法实相，不以缘起而执有，也不以缘灭而执无，一切诸法都毕竟寂灭；无明毕竟灭，一切诸行毕竟灭，乃至生、老死等也毕竟灭；如果能这样去看待十二因缘，认识到十二因缘乃是辗转缘起，无有穷尽的，从而不执着一切相，这就叫作最上法之供养。'"

　　佛告诉天帝："月盖王子从药王如来那里听闻了这些话后，获得了柔顺忍辱的境界，随即解下了宝衣和身上饰物以供养佛，并对佛说：'世尊，如来入灭之后，我一定奉行法供养，以守护弘扬正法，希望世尊以佛之威神加被于我，使我能够降伏诸魔障，修菩萨行。'药王如来深知月盖王子此恳求至诚至切，遂予之授记，说：'你将在今后的佛教末法时代，成为卫护弘扬佛法的法将。'天帝，这时候的月盖王子，亲证了诸法本然清净，并亲得药王如来的授记，更加坚定了出家的信心，并不断修习佛法，精进不怠，不久，便得五种神通和菩萨道行，具备总持一切智慧的能力和无碍辩才。在药王如来入灭后，月盖王子以其所得之五种神通力、总持力及无碍辩才护持弘扬佛法长达十小劫之久，佛法亦随之遍布世界各地；出家后的月盖比丘，更竭尽全力守护佛法，精进修行，一生中度化百万亿人，使他们都发无上道心，立于不退转之位；由他度化的人中，有十四亿人，已发声闻道心、辟支佛心；更有无量数的众生得生天上。天帝，当时那位宝盖转轮圣王可不是一般的人，而今他已证得佛果，其号为宝焰如来，他的上千位王子，也就是贤劫中之千佛。其中的第一位即是迦罗鸠孙驮佛，最末一位即是楼至佛。而那位月盖比丘，就是我的前身。

　　"确实是这样，天帝，你应当知道，以法供养，于诸供养中是最为重要、至高无上的，所以，天帝，应当以法供养，供养于十方诸佛。"

嘱累品第十四

于是，佛告弥勒菩萨言："弥勒，我今以是无量亿阿僧祇劫，所集阿耨多罗三藐三菩提法，嘱咐于汝。如是辈经，于佛灭后末世①之中，汝等当以神力，广宣流布于阎浮提，无令断绝。所以者何？未来世中，当有善男子、善女人，及天、龙、鬼、神、乾闼婆、罗刹②等，发阿耨多罗三藐三菩提心，乐于大法；若使不闻如是等经，则失善利。如此辈人，闻是等经，必多信乐，发稀有心，当以顶受，随诸众生所应得利，而为广说。

"弥勒，当知菩萨有二相。何谓为二？一者好于杂句文饰③之事；二者不畏深义，如实能入。若好杂句文饰事者，当知是为新学菩萨④；若于如是无染无着甚深经典，无有恐畏，能入其中，闻已心净，受持读诵，如说修行，当知是为久修道行。

"弥勒，复有二法，名新学者，不能决定于甚深法。何等为二？一者所未闻深经，闻之惊怖生疑，不能随顺，毁谤不信，而作是言：'我初不闻，从何所来？'二者若有护持解说如是深经者，不肯亲近、供养、恭敬，或时于中，说其过恶。有此二法，当知是新学菩萨，为自毁伤，不能于深法中，调伏其心。

"弥勒，复有二法，菩萨虽信解深法，犹自毁伤，而不能得无生法忍。何等为二？一者轻慢新学菩萨，而不教诲；二者虽信解深法，而取相分别，是为二法。"

弥勒菩萨闻说是已，白佛言："世尊，未曾有也！如佛所说，我当远离如斯之恶，奉持如来无数阿僧祇劫所集阿耨多罗三藐三菩提法。若未来世，善男子、善女人求大乘者，当令手得如是等经，与其念力⑤，使受持读诵，为他广说。世尊，若后末世，有能受持读诵、为他说者，当知是弥勒神力之所建立。"

佛言："善哉！善哉！弥勒，如汝所说，佛助尔喜。"于是一切菩萨，合掌白佛："我等亦于如来灭后，十方国土，广宣流布阿耨多罗三藐三菩提法；复当开导诸说法者，令得是经。"

尔时，四天王白佛言："世尊，在在处处，城邑聚落，山林旷野，有是经卷，读诵解说者，我当率诸官属，为听法故，往诣其所，拥护其人；面百由旬，令无伺求得其便者。"

是时，佛告阿难："受持是经，广宣流布！"

阿难言："唯，我已受持要者。世尊，当何名斯经？"

佛言："阿难，是经名为《维摩诘所说》，亦名《不可思议解脱法门》，如是受持！"

佛说是经已，长者维摩诘、文殊师利、舍利弗、阿难等，及诸天、人、阿修罗、一切大众，闻佛所说，皆大欢喜，信受奉行。

注释

①**末世**：即末法时代，佛教中称佛法住世有正法、像法、末法三世，末法之世乃佛法衰微之时代。

②**罗刹**：恶鬼名，原为古印度神话中之恶魔，后成为恶人之代称。

③**杂句文饰**：指解释佛典之文字。

④**新学菩萨**：指初发心求佛道者。

⑤**念力**：忆持念诵之力。

译文

　　于是，佛告诉弥勒菩萨道："弥勒，我现在把无量数劫以来所修集起来的无上正等正觉之法付嘱给你。这些佛法，在我释迦牟尼入灭后的末法时代，你们应当以自己的神力，在阎浮提洲广为流布，不要使它断绝。为什么呢？在未来世中，当有善男子、善女人及天龙八部众、罗刹等发无上道心，喜乐大乘佛法，如果他们不能听闻到像本经这样的佛法，就会失去修习皈依大乘佛法的大好机会；如果这些人能听闻到像本经这样的大乘佛法，一定会喜乐信受，萌发难得的道心。弥勒，你们应当顶礼领受我所嘱付给你的像本经这样的大乘佛法，日后随应众生之所需，广为宣说、弘扬。

　　"弥勒，应当知道，菩萨有两种类型：一是喜欢借助于辞章文句之类的东西来理解、受持佛法，二是不怕义理之艰深，而直探佛法之真谛。第一类，亦即喜乐从辞章文句之类的东西来理解、领受佛法者，一望便知是属于新入门的菩萨；至于第二类，亦即不执着于辞章文句、语言文字的，而能对艰深的佛典毫无畏惧之心，直接深入其中，听后便能心领神会、受持读诵，并按经中所说如实修行者，这类菩萨肯定是一些老修行者。

"弥勒，还有两种菩萨属于那种新学菩萨，他们无法领受那种义理深刻的佛典。是哪两种呢？一是对于那种以前从未听闻过的义理深刻的佛典，一听就生畏惧惊怖之心，并起种种疑惑，不能信受且行毁谤，说：'我从来就没有听闻过这样的佛法，这种法究竟是从哪里来的？有何依据？'二是如果遇到那些领受护持深刻义理经典者，不肯亲近、供养、恭敬他们，甚至有时挑他们的毛病，说他们的坏话。举凡有这两种表现者，就知道他属于那种新学菩萨。这些新学菩萨的上述做法，实际上是在毁伤自己，不能以深刻的佛法调伏自心。

"弥勒，还有两种类型的菩萨，他们虽然信奉并懂得一些义理深刻的佛法，但仍然自我毁伤，不能达到证悟诸法不生不灭的境界。是哪两种呢？一是看不起那些新学菩萨，也不对他们进行教诲和诱导的菩萨；二是虽然信奉并懂得一些义理深刻的佛法，但对佛法乃至一切诸法妄加分别的菩萨。以上是另外两种类型的菩萨。"

弥勒菩萨聆听了释迦牟尼佛以上的话后，就对佛说："世尊，你刚才所说的话，我以前确实闻所未闻，我一定遵照你的教导，远离你以上所说的那些初学菩萨的过失，奉持你从无量数劫以来所修集起来的无上正等正觉之法。在未来世，若有善男子、善女人愿求大乘佛法者，我一定让他们随时能够拿到像本经这样的大乘经典，并赋予他们超强之忆念之力，使他们受持读诵，为一切众生详加解说。世尊，在今后的末法时代，如果有人能如此地信奉、受持、读诵如本经这样的大乘经典，那一定是受了我弥勒菩萨神力所加持的。"

佛说："善哉！善哉！弥勒，正如你所说的，一切诸佛一定都会为你能这么做而感到无量欣慰。"其时与会的诸菩萨都双手合十，恭敬地对佛说："世尊，我们也一定在你入灭之后，于十方世界的一切国土，广泛传布弘扬如本经这样的大乘佛法，并开导众说法者，使一切听闻这种佛法的人都能得到本经。"

其时，四天王对佛说："世尊，十方世界一切地方，不管是城市、村庄，还是山林、旷野，举凡有如本经这样的大乘佛典的地方，或是在读诵、宣讲这种经典的地方，我一定立即率领诸眷属到那里去，一者听闻此等无上妙法，二者护佑那些读经讲经之人，我将在他们方圆两千里之外设防，绝不让一切邪魔外道去打扰他们。"

其时，佛对阿难说："你也应该受持读诵这部经典，并使它广为流布。"

阿难答道："是的，世尊，我已经信奉并记住了这部经之精义、大要，我今后一定广为传扬。对啦，世尊！如何称呼这部经呢？"

佛说："阿难，这部经叫《维摩诘所说经》，又称

《不可思议解脱门经》。希望你等如我所说的信奉、受持本经。"

佛陀释迦牟尼宣说完这部经典之后，维摩诘居士、文殊菩萨、舍利弗、阿难以及诸天、人、阿修罗、一切与会大众等聆听了佛陀的教诲后，皆大欢喜，无不信奉受持这部《维摩诘所说经》。

源流

作为一部大乘佛教的代表性经典,《维摩诘经》在中国佛教史上一直备受关注,自严佛调于汉灵帝年间译出第一个汉译本后,在中土先后总别共有七译;至于义注疏释,更是代不绝人,注本迭出;以下拟就《维摩诘经》之版本及历代之注疏做一简要介绍。

一、版本

据有关资料记载,《维摩诘经》在中土,先后总别有七译:

一是后汉严佛调译,名《古维摩经》,凡二卷,早已佚失。

二是吴支谦译,名《维摩诘说不思议法门经》,亦名《佛说维摩诘经》《普入道门经》《佛法普入道门经》《佛法普入道门三昧经》，凡二卷，今犹存，收于《大正藏》第十四册，第五百一十九页至五百三十六页。

三是西晋竺叔兰译，名《毗摩罗诘经》，凡三卷，早已佚失。

四是西晋竺法护译，名《维摩诘所说法门经》，凡二卷，早已佚失。

五是东晋祇多密译，名《维摩诘经》，凡四卷，早已佚失。

六是姚秦鸠摩罗什译，名《维摩诘所说经》，凡三卷，今犹存，且是最为通行之译本，收于《大正藏》第十四册，第五百三十七页至五百五十六页。

七是唐玄奘译，名《说无垢称经》，亦名《无垢称经》《佛说无垢称经》，凡六卷，今犹存，收于《大正藏》第十四册，第五百五十七页至五百八十七页。

以上诸译，就翻译之缜密、精确言，当推唐玄奘之译本；就文笔之顺畅、流传之广泛说，则要算罗什所译的《维摩诘所说经》，后人不论讲解，抑或注疏《维摩经》，多以此本为依据。

二、注疏

自《维摩诘经》在中土译出之后，讲习注解该经者代有其人，且多是一些颇具影响的高僧大德，如东晋的僧肇、竺道生，隋之吉藏、智颧，唐之窥基、湛然等。这些注疏，或着力于经文之解读，或侧重于义理之诠释，对于扩大《维摩诘经》之影响，传扬《维摩诘经》中之"亦入世亦出世"思想和大乘"不二法门"，都具有重要的意义。以下对历史上一些较有代表性的注本做一简单介绍：

《注维摩诘经》，又称《维摩诘所说经注》《注维摩》《净名集解》等，凡十卷，东晋僧肇撰，收于《大正藏》第三十八册，第三百二十七页至四百二十页。此书是僧肇根据自己对该经的理解，结合其师鸠摩罗什之有关思想以及道生、道融之有关说法，对《维摩诘经》之思想旨趣详加阐释，是我国注解《维摩诘经》之首开先河者。

《维摩经玄疏》，又称《维摩经略玄》《维摩经玄义》《净名玄义》《净名玄疏》等，凡六卷，隋智颧撰，收于《大正藏》第三十八册，第五百一十九页至五百六十一页。此书是天台智者大师按天台宗"五重玄义"之释经定规来注释罗什所译之《维摩经》之玄旨。本书与同是智者大师所撰之《维摩经文疏》共称天台宗维摩经注疏之双璧。

《维摩经略疏》，又称《不可思议解脱经疏》《净名经略疏》《维摩经疏》等，凡五卷，隋吉藏撰，收于日本藏经书院版《大藏经》第二十九套。此书是三论宗创始人吉藏对《维摩经》经义之诠释；吉藏还有另一部注释《维摩经》之书，名《维摩经义疏》，该书主要是逐次注释经文之语句。因《义疏》有"广疏"之说，故此书称为"略疏"。

《维摩经义记》，又称《维摩义记》《维摩诘所说经注》《维摩义疏》等，凡八卷，隋慧远撰，收于《大正藏》第三十八册，第四百二十一页至五百一十八页。此书主要阐释《维摩诘经》之经义，并判《维摩诘经》为菩萨藏顿教之法。

《说无垢称经疏》，又称《无垢称经疏》《说无垢称经赞》《说无垢称经赞疏》等，凡十二卷，唐窥基撰，收于《大正藏》第三十八册，第九百九十三页至一千一百一十四页。此书是窥基对于玄奘所译之《说无垢称经》之注释，并判《维摩经》为"三时教"中之第二时（即"空"）向第三时（即"中"）过渡之教法。

此外，历史上注释《维摩诘经》的，还有以下几种：

《维摩经略疏》，凡十卷，隋智𫖮讲，湛然略，收于《大正藏》第三十八册，第五百六十二页至七百一十页。

《维摩经文疏》，凡二十八卷，隋智𫖮撰，唐灌顶续补，收于日本藏经书院版《续藏经》，第一编，第二十七套第五册至第二十八套第二册。

《维摩经疏记》，凡三卷，唐湛然撰，收于日本藏经书院版《续藏经》，第一编，第二十八套，第四册至第五册。

《净名玄论》，凡八卷，隋吉藏撰，收于《大正藏》第三十八册，第八百五十三页至九百零七页。

《维摩经义疏》，凡六卷，隋吉藏撰，收于《大正藏》第三十八册，第九百零八页至九百九十一页。

《维摩经略疏垂裕记》，凡十卷，宋智圆撰，收于《大正藏》第三十八册，第七百一十一页至八百五十一页。

《维摩经无我疏》，凡十二卷，明传灯撰，收于日本藏经书院版《续藏经》，第一编，第三十套，第一册至第二册。

《维摩经评注》，凡十四卷，明杨起元撰，收于日本藏经书院版《续藏经》，第一编，第三十套，第一册。

一如历代儒家常常以"我注六经"乃至"六经注我"来发挥自身的思想一样，以上对于《维摩诘经》之注解诠释，既有对于《维摩诘经》之文句语义之诠注，也有借注经以阐发自己的思想，由此汇成一股《维摩诘经》思想之源流，并对中国佛教产生极其广泛和深刻的影响。

从某种意义上说，很少有一部经典能够像《维摩诘经》那样对整个中国佛教产生如此广泛和深刻的影响，尤其是对那些中国化色彩较浓的佛教宗派，如天台、华严，特别是禅宗，《维摩诘经》的影响更是深刻、直接和显而易见。

　　《维摩诘经》的思想最具特色者有二：一是倡"唯心净土"，二是主"亦出世亦入世""入世出世一而不二"。实际上，"唯心净土"与"入世"思想之间有着一种内在的必然的关系，因为既然"心净则佛土净"，又何必一定要远离尘世，向东向西去寻找"净土"呢？《维摩诘经》的这两个方面的思想，都对中国佛教产生极其深刻的影响。

　　人们知道，佛教作为一种外来宗教，它在中土之发展，一般地说，要受到两种因素的影响，一是佛教自身的规定性，二是各个时期的特定的社会历史条件，二者缺一不可。人们不难想象，如果中国的佛教脱离了佛教自身的规定性，那么中国的佛教也就不成其为佛教；反之，如果中国佛教只知道固守佛教自身的东西，而不能在特定的社会历史条件下去进一步发展它，那么中国佛教也就难成为中国的佛教。

佛教自传入中国以后，就思想内容说，有两个变化最为显著和最值得注意：一是出现了佛性心性化倾向，二是逐步走上了注重入世的道路，而不管哪一种变化，都既有特定社会历史条件方面的原因，也有佛教经典方面的根据，从而使得中国佛教既日愈富有中国化的特色，又保存了佛教固有的特质。

首先，就佛性心性化言，它主要受到两个方面的影响：一是来自中国传统文化，二是来自佛教经典自身。就中国传统文化说，首先是儒家之心性学说，中国佛教之深受儒家心性学说的影响，应该说已成为学术界和佛教界之共识，因此无须赘述；至于佛性心性化之佛教经典根据，人们自然要联想到《维摩诘经》，《维摩诘经》中的"心净则佛土净"等思想，为中土僧人和学者逐渐把外在的、抽象的、具有本体色彩的佛性心性化提供了理论的依据。正是由于受到儒学心性学说和《维摩诘经》

"唯心净土"思想两个方面的共同影响，中国佛教逐渐出现了一种佛性心性化的倾向。

其次，在注重入世方面，中国佛教同样受到来自儒家学说和佛教经典两个方面的影响。儒学讲"修齐治平"，重"内圣外王"，其注重入世较诸中国古代其他的学术流派为甚，且由于历史的原因，这种注重入世的思想深深地植根于古代中国社会之中，成为一种占统治地位的意识形态；佛教自传入中国之后，与儒家思想一直处于既相互矛盾、相互斗争，又相互渗透、相互融摄的状态，其中，在出、入世问题上，则明显地受到儒家思想的影响。当然，单从外部原因不足以说明中国佛教为什么会走上注重入世的道路，换句话说，中国佛教之所以走上注重入世的道路，还因为佛教自身具有走上注重入世道路的内在根据。这种内在根据集中表现在大乘佛教并不以自我解脱为旨趣，而是以利生济世为终的。例如，在《维摩诘经》这样的大乘经典中，人们所读到的是维摩诘居士对于小乘"有慈悲心而不能普及"的思想加以斥责以及对于大乘慈悲普度、利生济世思想的赞颂，此中所透露出来的，完全是一种关怀人间、注重利他济世的精神，正是以这些大乘经典为依据，正是以这种利他济世的大乘菩萨精神为依据，中国佛教才有可能逐步走上注重现实人生，讲究"亦出世亦入世""出世、入世一而不二"的道路。

实际上，过多地谈论《维摩诘经》对于中国佛教的影响有时甚至是"多余的话"，因为不论是学术界还是佛教界对此都不会有任何异议，当下更重要的，倒在于应该进一步认识和发掘《维摩诘经》的现代意义。

《维摩诘经》中有一句话十分耐人寻味，曰："若菩萨欲得净土，当净其心。随其心净，则佛土净。"这句话直截了当地道出了若要净化当今的社会，最重要的是应该先净化各人的心灵。当各个人的心灵净化了，这个世界自然就美好清净了。对照当今之社会，由于市场经济的影响，一切都被商品化了，损人利己、唯利是图成为不少人待人处世的一条基本准则。值此物欲横流、世风日下之时，提倡和弘扬《维摩诘经》中"心净则佛土净"的思想，不仅对于佛教自身的发展具有重要意义，而且对于净化社会、建设人间净土也意义重大。

参考书目

1. 注维摩诘经　东晋·僧肇撰　《大正藏》第三十八册

2. 维摩义记　隋·慧远撰　《大正藏》第三十八册

3. 维摩经玄疏　隋·智颛撰　《大正藏》第三十八册

4. 净名玄论　隋·吉藏撰　《大正藏》第三十八册

5. 维摩经义疏　隋·吉藏撰　《大正藏》第三十八册

6. 说无垢称经疏　唐·窥基撰　《大正藏》第三十八册

7. 佛藏·道藏子目引得　洪业等编纂　上海古籍出版社　一九八六年版

8. 佛光大辞典　慈怡主编　佛光出版社　一九八八

年版

9. 佛学大辞典　丁福保编纂　文物出版社　一九八四年版

10. 中国佛教（三）　中国佛教协会编　知识出版社　一九八九年版

11. 维摩经讲话　竺摩法师讲述　大悲印经会　一九九〇年版

12. 维摩诘经今译　陈慧剑译注　东大图书公司　一九九〇年版

13. 维摩诘经今译　幼存道生注译　中国社会科学出版社　一九九四年版

14. 汉魏两晋南北朝佛教史　汤用彤著　中华书局　一九八三年版

15. 中国佛教史（第一卷）　任继愈主编　中国社会科学出版社　一九八一年版

16. 中国佛学源流略讲　吕澂著　中华书局　一九七九年版

17. 佛典辑要　赖永海主编　山东人民出版社　一九九二年版

18. 佛典精解　陈士强撰　上海古籍出版社　一九九二年版

出版后记

星云大师说："我童年出家的栖霞寺里面，有一座庄严的藏经楼，楼上收藏佛经，楼下是法堂，平常如同圣地一般，戒备森严，不准亲近一步。后来好不容易有机缘进到藏经楼，见到那些经书，大都是木刻本，既没有分段也没有标点，有如天书，当然我是看不懂的。"大师忧心《大藏经》卷帙浩繁，又藏于深山宝刹，平常百姓只能望藏兴叹；藏海无边，文辞古朴，亦让人望文却步。在大师倡导主持下，集合两岸近百位学者，经五年之努力，终于编修了这部多层次、多角度、全面反映佛教文化的白话精华大藏经——《中国佛教经典宝藏》，将佛教深睿的奥义妙法通俗地再现今世，为现代人提供学佛求法的方便途径。

完整地引进《中国佛教经典宝藏》是我们的夙愿，

三年来，我们组织了简体字版的编审委员会，编订了详细精当的《编辑手册》，吸收了近二十年来佛学研究的新成果，对整套丛书重新编审编校。需要说明的是此次出版将丛书名更改为《中国佛学经典宝藏》。

佛曰：一旦起心动念，也就有了因果。三年的不懈努力，终于功德圆满。一百三十二册，精校精勘，美轮美奂。翰墨书香，融入经藏智慧；典雅庄严，裹沁着玄妙法门。我们相信，大师与经藏的智慧一定能普应于世，济助众生。

东方出版社